Fabricador de instrumentos de trabalho, de habitações, de culturas e sociedades, o Homem é também agente transformador da História. Mas qual será o lugar do Homem na História e o da História na vida do Homem?

O ANO MIL

Título original:
L'an mil

© Éditions Julliard 1967 e Éditions Gallimard

Tradução:
Teresa Matos

Revisão: Eunice de Lemos Martins

Capa: FBA
Imagem de capa: © Bridgeman Images/Fotobanco.pt

Depósito Legal nº ....

Biblioteca Nacional de Portugal – Catalogação na Publicação

DUBY, Georges, 1919-1996

O ano mil – (Lugar da história; 8)
ISBN 978-972-44-2571-9

CDU 930.85"1000"

ISBN: 978-972-44-2571-9
ISBN da 1.ª edição: 972-44-0026-3

Paginação:
Aresta Criativa – Artes Gráficas

Impressão e acabamento:
?????

para
EDIÇÕES 70
junho 2022 (1980)

Direitos reservados para todos os países de língua portuguesa
por Edições 70

EDIÇÕES 70, uma chancela de Edições Almedina, S.A.
Rua Fernandes Tomás, 76-80 – 3000-167 Coimbra - Portugal
e-mail: editoras@grupoalmedina.net

Esta obra está protegida pela lei. Não pode ser reproduzida,
no todo ou em parte, qualquer que seja o modo utilizado,
incluindo fotocópia e xerocópia, sem prévia autorização do Editor.
Qualquer transgressão à lei dos Direitos de Autor será passível
de procedimento judicial.

GEORGES DUBY
O ANO MIL

Tradução de Teresa Matos

NOTA DO EDITOR

Este livro compõe-se de uma coletânea de documentos sobre o Ano Mil e de um estudo dos mesmos feito por Georges Duby.

Ao produzirmos este livro, resolvemos seguir o critério adotado na edição original. Assim, em *itálico* aparece o estudo de Georges Duby e em redondo as transcrições dos documentos que integram esta obra.

OS TESTEMUNHOS

I
Conhecimento do Ano Mil

Um povo aterrorizado pela iminência do fim do mundo: no espírito de muitos homens de cultura, esta imagem do Ano Mil ainda hoje permanece viva, apesar do que Marc Bloch, Henri Focillon ou Edmond Pognon escreveram para a destruir, o que prova que os esquemas milenaristas ainda não perderam completamente, na nossa época, o seu poder de sedução na consciência coletiva. Esta miragem histórica instala-se assim facilmente num universo mental inteiramente disposto a acolhê-la. A história romântica herdava-a daqueles historiadores e arqueólogos que nos séculos XVII e XVIII haviam iniciado a exploração científica da Idade Média, dessa época obscura, subjugada, mãe de todas as superstições góticas que as Luzes começavam então a dissipar. E é, de facto, no fim do século XV, com os triunfos do novo humanismo, que aparece a primeira descrição conhecida dos terrores do Ano Mil. Esta corresponde ao desprezo que a jovem cultura do Ocidente professava face aos séculos sombrios e frustes de que saía e que renegava para olhar para além daquele abismo bárbaro, para a Antiguidade, seu modelo. No cerne das trevas medievais, o Ano Mil, antítese da Renascença, oferecia o espectáculo da morte e da prosternação estúpida.

Uma tal representação retira grande parte da sua força de todos os obstáculos que impedem de ver claramente este momento da história europeia. Com efeito, mal se pode dizer que o ano que foi o milésimo da encarnação de Cristo — segundo os cálculos inexatos do bispo Dinis, o Pequeno — possua uma existência, de tal modo é frouxo o núcleo de testemunhos sobre o qual se funda o conhecimento histórico. De modo que para atingir este ponto cronológico — e para constituir o dossier que aqui se apresenta — é necessário alargar de modo substancial o campo de observação e considerar o período de pouco mais de meio século que envolve o Ano Mil, entre os anos próximos de 980 e os de 1040.

Ainda assim, a visão permanece muito pouco distinta. Porque a Europa de então saía de uma profunda depressão. As incursões de pequenos bandos de assaltantes vindos do Norte, do Leste e do Sul tinham refreado os primeiros impulsos de crescimento que se desenvolveram timidamente na época carolíngia, provocando um retorno ofensivo da selvajaria e danificando, especialmente, os edifícios culturais que os imperadores do século IX se obstinavam em construir. Limitado ao topo da sociedade eclesiástica, o meio dos letrados foi tão maltratado após 860 que o uso da escrita, já muito restrito, se perdeu quase completamente. Foi por isso que o Ocidente do século X, região de florestas, tribos, feitiçaria, régulos que se odeiam e se traem, saiu pouco a pouco da história e deixou menos vestígios do seu passado do que o fez, sem dúvida, a África Central no século XIX, que tanto se lhe assemelha. Decerto, para a geração que precede o Ano Mil, a maior parte dos perigos e infortúnios tinha passado; piratas normandos virão ainda capturar princesas na Aquitânia para exigirem resgate e ver-se-ão os exércitos sarracenos cercar Narbona; acabaram, no entanto, as grandes agitações e sente-se que já começou o progresso lento e contínuo cujo movimento não deixou de arrastar, desde então, as regiões da Europa Ocidental. De imediato manifesta-se um despertar da cultura, um ressurgimento da escrita; logo reaparecem os documentos. A história do Ano Mil é pois possível. Mas é a de uma primeira infância: balbucia, fabula.

A arqueologia

Na realidade, o historiador não utiliza apenas textos, e tudo o que a arqueologia recolhe para seu uso pode esclarecê-lo muito. O exemplo da Polónia mostra-lhe o que deve esperar de uma pesquisa atenta de todos os vestígios da vida material, da exploração das sepulturas e dos fundos das cabanas, da análise dos resíduos de uma ocupação antiga, conservados pela paisagem ou a toponímia de hoje. Com efeito, escavações recentes revelaram-lhe o que foram nas planícies polacas as «cidades» do Ano Mil, essas paliçadas de madeira e de terra encerrando em muralhas justapostas o palácio do príncipe e dos seus guerreiros, a catedral construída há pouco e o burgo dos artesãos domésticos. Na realidade, os arqueólogos polacos, checos, húngaros ou escandinavos, estimulados pela ausência quase total de textos relacionados com este período da sua história nacional, e obrigados a utilizarem outros materiais para a construir, situam-se na vanguarda de uma arqueologia da vida quotidiana. Em França, esta encontra-se ainda a experimentar as suas técnicas. Para a maior parte da Europa, o que se sabe dos começos do século XI provém, assim, de fontes escritas. Este livro pretende apresentar e comentar algumas delas, escolhidas num fundo documental que é, no entanto, singularmente restrito, mesmo para as regiões francesas, que se encontravam, naquele tempo, na vanguarda da renovação cultural.

As Cartas

Dos sessenta anos que enquadram o Ano Mil data uma certa quantidade de textos que não pretendiam relatar acontecimentos, mas que serviam para estabelecer direitos. Trata-se de diplomas notificando decisões reais, Cartas ou ofícios que se referem quase todos a transferências de possessões. Raras ainda em Inglaterra e no Norte da Alemanha, tais atas encontram-se nos arquivos de França, de Itália e da Alemanha do Sul, e em maior número do que os títulos análogos datando do século X ou mesmo da época carolíngia.

Nenhum período anterior da história europeia fornece tantas. O que não significa que naquela época os redatores tenham sido muito ativos. Eram-no talvez menos do que no século ɪx, certamente menos do que no século v. Mas, por um lado, eles empregavam um material, o pergaminho, muito mais sólido e durável do que o papiro da Alta Idade Média; por outro lado, e sobretudo, estes escritos foram conservados com mais cuidado. Possuíam, de facto, um valor essencial aos olhos dos monges e clérigos numa época em que numerosos estabelecimentos religiosos se encontravam em plena reforma, devendo, em consequência, fundamentar a sua restauração na reordenação sistemática da sua riqueza e, por isso mesmo, conservando preciosamente todos os escritos que garantiam as suas prerrogativas, os diplomas e os privilégios reais, as cartas de doações, os acordos celebrados no passado com poderosos rivais. A escrita, com efeito, não deixava de ter a sua utilidade nas contestações judiciais. É certo que, à exceção dos homens da Igreja, ninguém mais naquela época sabia ler. Mas nas assembleias em que os mosteiros e bispados iam pleitear contra os usurpadores das suas possessões, os chefes de bando e os seus cavaleiros não ousavam desprezar abertamente os pergaminhos que os seus olhos podiam ver aqui e ali marcados com o sinal da cruz, e nos quais os homens capazes de os decifrar descobriam a memória precisa das transações antigas e o nome dos homens que delas haviam sido testemunhas. Desta época datam os primeiros arquivos, que são todos eclesiásticos, e aqueles cartulários em que os escribas da Igreja recopiavam — e classificavam — os múltiplos títulos isolados mantidos no armário das Cartas.

Estas coleções sofreram muito com o decorrer do tempo. Mas algumas encontram-se quase intactas em Itália e na Alemanha; em França, muitas foram alvo de transcrições sistemáticas antes da longa incúria do século xvɪɪɪ e das dispersões do período revolucionário que lhes causaram grande dano. Dos arquivos da abadia de Cluny, por exemplo, foram salvas, do período que nos interessa, mais de mil e quatrocentas cartas e ofícios (como muitos deles não foram datados com precisão, é impossível uma enumeração exata). Estes escritos fornecem testemunhos insubstituíveis. Sem eles quase nada se saberia das condições económicas, sociais e jurídicas;

permitem entrever como se estabelecia a hierarquia dos estatutos pessoais, como se formavam os laços da vassalagem, como evoluíam os patrimónios, e lançam luzes raras sobre a exploração das grandes fortunas fundiárias. Mas os documentos deste tipo apenas são úteis no caso de serem densos. Só agrupando as indicações lacónicas contidas em cada um deles é que podemos, para algumas regiões privilegiadas, próximas dos estabelecimentos religiosos mais influentes da época, tentar servir-nos delas para reconstituir, não isentos de hesitações e de enormes lacunas, a rede das relações humanas. Em contrapartida, isolada, cada uma destas cartas nada diz, ou quase. Porque os escribas anteriores a meados do século XI permaneciam, na sua maioria, prisioneiros de modelos de redação antigos, mal adaptados às inovações do tempo presente; sob a sua pena, aquilo que constitui a modernidade do seu tempo permanece mascarado por vocábulos antiquados e pelas molduras esclerosadas da expressão. A grande subversão das relações políticas e sociais de que foi teatro o período que se ordena à volta do Ano Mil, esta verdadeira revolução, mais precoce nas regiões francesas, que faz surgir e instala por séculos as estruturas a que chamamos feudais, era, com efeito, demasiado recente, demasiado atual para se repercutir de imediato nos termos rituais da escrita jurídica, a mais rígida de todas, a mais morosa a prestar-se à expressão da novidade. Deste modo, para extrair de tais fontes todo o seu conteúdo é necessário estudá-las em rolos espessos, em séries. Separada das que a precedem, rodeiam e seguem, nenhuma destas atas oferece as riquezas que revelam à primeira leitura os escritos literários.

Estes, no tempo em que os historiadores apenas se ocupavam dos reis, dos príncipes, das batalhas e da política, forneciam ao erudito o essencial do seu alimento. Em contrapartida, foram negligenciados a partir do momento em que o exame do económico e do social se tornou o fim principal da pesquisa histórica. Ninguém se preocupava com eles ainda há dez anos. Mas eis que as curiosidades mais recentes, o esforço para reconstituir o que foram no passado as atitudes psicológicas, fazem deles novamente uma fonte essencial. São estes textos, portanto, que esta compilação, deliberadamente orientada para a história das mentalidades, quer pôr em evidência.

II
Os narradores

Obras literárias

Pobre literatura. A que era escrita, era-o em latim. Forjava-se no pequeno círculo dos letrados e apenas para uso próprio. Laços estreitos uniam-na às instituições escolares; por esta razão, ela está diretamente ligada ao renascimento carolíngio; vemo-la florescer, passada a tormenta, na haste débil que os pedagogos amigos de Carlos Magno tinham plantado, no fim do século VIII, na barbárie franca. Como todas as obras compiladas no tempo de Luís, o Pio e de Carlos, o Calvo, as do Ano Mil mostram-se fascinadas pelos modelos da antiguidade latina e aplicam-se estudiosamente a imitá-los. O que delas chegou até nós tem, portanto, que ver com os géneros praticados nas letras romanas e manifesta estreitas semelhanças com os auctores, *as «autoridades» que eram conservadas nas bibliotecas do Ano Mil e comentadas pelos mestres. É, na verdade, o caso de quase todas as obras cujos extratos agrupei aqui — do poema dedicado ao rei de França, Roberto, o Pio, que escreveu no fim da sua vida, cerca de 1030, o bispo de Laon, Adalberão, velho intrigante, estreitamente ligado, como o tinham estado os prelados carolíngios, à política real —, das cartas que Gerberto, o papa do Ano Mil, escreveu e editou pensando em Plínio e Cícero — enfim, de todas as biografias de personagens sagradas, reis, santos ou abades, que se inspiram da literatura panegírica antiga, especialmente da* Epitoma vitae regis Roberti pii, *a vida do rei Roberto, que Helgaud, monge de Saint-Benoît-sur-Loire, redigiu entre 1031 e 1041. Quanto às obras propriamente históricas, elas merecem um exame mais atento.*

Escrever a história

São relativamente abundantes. No tempo do renascimento carolíngio, que introduziu toda a cultura escrita num contexto estritamente eclesiástico, a preocupação em prolongar a tradição romana e em seguir as pisadas de Tito Lívio ou de Tácito fora, com efeito, fortemente estimulada por uma outra atitude intelectual, a do sentido de duração inerente à religião cristã. Porque o cristianismo sacraliza a história; transforma-a em teofania. Nos mosteiros, que foram os principais focos culturais na época de Carlos Magno e que voltaram a sê-lo no Ano Mil, a prática da história integrava--se, muito naturalmente, nos exercícios religiosos. E quando alguns reformadores ciosos de ascetismo, que perseguiam até nos exercícios do espírito qualquer ocasião de prazer, levaram os monges a não mais frequentar as letras pagãs, os historiadores permaneceram praticamente os únicos, entre os autores profanados, a escapar à sua suspeita. Conhece-se, para um ano situado em meados do século XI, os livros distribuídos aos monges de Cluny para as suas leituras da Quaresma: na proporção de um em dez, os membros da comunidade receberam obras históricas, na maior parte cristãs: Beda, o Venerável, Orósio, José; mas também pagãs, como as de Tito Lívio. Considerava-se que os textos contendo a memória do passado podiam ajudar de duas maneiras essa grande obra de que as abadias eram então as oficinas, a construção do reino de Deus. Com efeito, ofereciam primeiro que tudo exemplos morais; podiam, portanto, guiar o cristão na sua progressão espiritual, avisá-lo contra os perigos e orientá-lo no bom caminho; eram edificantes. Por outro lado, e sobretudo, eram um testemunho da omnipotência de Deus, que desde a Encarnação se havia ele próprio inserido na duração histórica; celebrando os atos dos homens que o Espírito Santo havia inspirado, manifestavam a glória divina.

No prólogo do seu livro Das Maravilhas, *escrito por volta de 1140, o abade de Cluny, Pedro, o Venerável, define assim os méritos da obra histórica e a sua utilidade:* Boas ou más, todas as ações que se produzem no mundo, pela vontade ou permissão de Deus, devem servir para a glória e edificação da Igreja. Mas se não são conhecidas, como podem contribuir para louvar a Deus e edificar a Igreja? *Escrever a história é, portanto, uma obra necessária, intimamente associada à liturgia; por vocação, cabe ao monge ser o seu principal artesão; é preciso incitá-lo a empreender a obra, e Pedro, o Venerável prossegue assim a sua exortação:* A apatia que se abate sobre a esterilidade do silêncio é tão profunda que tudo o que se produziu nos últimos quatrocentos ou quinhentos anos na Igreja de Deus ou nos reinos da cristandade é, para nós como para qualquer outro, quase desconhecido. Entre a nossa época e as épocas que a precederam, a diferença é de tal ordem que conhecemos perfeitamente acontecimentos que remontam a quinhentos ou mil anos atrás, enquanto ignoramos os factos ulteriores, e aqueles mesmos que se deram nos nossos dias.

Quando, cem anos antes, Raul Glaber, o melhor historiador do Ano Mil, dedicava a sua obra a um outro abade de Cluny, Odilon, o que dizia era muito semelhante:

As justíssimas queixas que frequentemente ouvi exprimir pelos nossos irmãos de estudo, e algumas vezes por vós mesmo, impressionaram-me: nos nossos dias, não há ninguém para transmitir àqueles que virão depois de nós qualquer relato desses múltiplos acontecimentos, de modo nenhum negligenciáveis, que se manifestam tanto no seio das igrejas de Deus como entre os povos. O Salvador declarou que até à última hora do último dia faria acontecer coisas novas no mundo com a ajuda do Espírito Santo e com seu Pai. Em cerca de duzentos anos, desde Beda, padre na Grã-Bretanha, e Paulo, diácono em Itália, não houve ninguém que, animado de um tal projeto, tivesse deixado à posteridade o mais pequeno escrito histórico. Além disso, cada um deles fez unicamente a história do seu próprio povo, ou do seu país. Embora seja evidente que tanto no mundo romano como nas regiões de além-mar ou bárbaras se tenham passado muitas coisas que, confiadas à memória, poderiam ser muito úteis aos homens e conduzi-los muito especialmente à prudência. E poder-se-á dizer pelo menos o mesmo dos acontecimentos que, segundo se diz, se multiplicaram por volta do milésimo ano de Cristo nosso Salvador. Eis a razão pela qual, na medida das minhas possibilidades, obedeci à vossa recomendação e à vontade dos nossos irmãos.[1]

---

[1] RAUL GLABER, *Histórias*, prólogo, publicadas por PROU, M., *Raoul Glaber. Les cinq livres de ses histoires (900–1044)* (Collection de textes pour servir à l'étude et à l'enseignement de l'histoire), Paris, A. Picard, 1897.

Nesta época, existiam quatro géneros de escritos históricos:

1. *Em primeiro lugar,* os Anais, *onde se anotava, ano por ano, os principais acontecimentos conhecidos. Esta forma tinha sido brilhantemente praticada nos mosteiros carolíngios. No Ano Mil, deles apenas permanecem resíduos cada vez menos abundantes. No manuscrito dos* Annales Floriacensis, *pertença da Abadia de Fleury, quer dizer, de Saint-Benoît-sur-Loire, somente sete anos posteriores ao Ano Mil são objeto de anotação, 1003, 1004, 1017, 1025, 1026, 1028, 1058–1060.*([2]) *Os* Annales Beneventani([3]) *foram continuados, em Santa Sofia de Benevento, até 1130; enquanto os* Annales Viridunenses([4]), *do mosteiro de Saint-Michel de Verdum, cessaram após 1034.*

2. *As* Crónicas *são anais retomados e elaborados por um autor que faz deles uma obra literária. Para a época que nos interessa, três obras deste género têm importância.*
   a) *O* Chronicon Novaliciense([5]) *foi composto antes de 1050 na abadia de Novalaise, situada numa das grandes passagens dos Alpes e que, destruída pelos Sarracenos, tinha sido restaurada por volta do Ano Mil.*
   b) *Devem-se oito livros de* Crónicas([6]) *ao bispo Thietmar de Merseburgo. Nascido em 976, filho de um conde saxão, este homem é um dos melhores representantes do florescimento cultural que conheceu a Saxónia, uma das regiões até então mais selvagens da Europa, até que os seus príncipes, no decorrer do século* X, *acederam à realeza germânica e depois ao Império. Nos seus castelos erigiram bispados (como Merseburgo, fundado em 968) e mosteiros que foram o local de uma nova* renovatio, *de um ressurgimento do renascimento*

([2]) Ver VIDIER, A., *L'Historiographie à Saint-Benoît-sur-Loire et les miracles de saint Benoît*, Paris, A. Picard, 1965.

([3]) Ver *Monumenta Germaniae Historica*, tomo III dos «Scriptores», pp. 173–185.

([4]) *Ibid.*, tomo III dos «Scriptores», pp. 78–86.

([5]) *Ibid.*, tomo VII dos «Scriptores», pp. 79–133.

([6]) *Ibid.*, tomo III dos «Scriptores», pp. 798–871.

carolíngio. Educado no mosteiro de São João de Magdeburgo, Thietmar foi ordenado padre em 1003, ligou-se ao arcebispo local, graças ao qual em 1009 se tornou bispo. Escreveu no fim da sua vida as Crónicas, *que levou a cabo até ao ano de 1008.*

c) *Adémar de Chabannes, tal como Thietmar, foi primeiro monge, depois acedeu ao sacerdócio e agregou-se a um círculo episcopal. Nascido por volta de 988, num ramo lateral de uma grande linhagem da nobreza limusina, tinham-no oferecido muito jovem à abadia de Saint-Cybard de Angolema. Mas dois dos seus tios ocupavam altos cargos no mosteiro de Limoges, onde se venerava o túmulo de São Marçal, o santo tutelar da Aquitânia. Atraíram Adémar para este importantíssimo centro cultural, onde se formou em Belas Letras. De regresso a Angolema, no meio dos padres ligados à catedral, dedicou-se a escrever. A sua* Crónica[7] *é muito ampla, e tem a dimensão de uma verdadeira história, a de todo o povo Franco. Na verdade, os dois primeiros livros e metade do terceiro são apenas compilações; só a última parte é original e, quando ultrapassa o ano de 980, torna-se de facto uma crónica da aristocracia da Aquitânia. Correções e acrescentos posteriores alteram um texto que coloca graves problemas à crítica erudita.*

3. *Podem ser consideradas obras de história os* Livros de Milagres *que foram compostos nas grandes basílicas de peregrinação, na vizinhança dos relicários mais venerados, e cujo fim era precisamente divulgar o seu prestígio. Contam os prodígios operados pela virtude dos corpos santos. São obras compósitas; vários redatores, um após outro, recolheram episódios; devido a esta sucessão, a cronologia introduz-se na relação. Duas compilações deste género são muito importantes para o conhecimento de França por volta do Ano Mil.*

a) *Nesta época, a abadia de Fleury-sur-Loire era um dos focos mais brilhantes da vida monástica; situava-se próximo de Orleães, residência principal do rei de França; afirmava conservar as*

---

[7] Adémar de Chabannes, *Crónica*, publicada de acordo com os manuscritos por Chavanon, J. (Collection de textes pour servir à l'étude et à l'enseignement de l'histoire), Paris, A. Picard, 1897.

relíquias de São Bento de Núrcia, patriarca dos monges do Ocidente. Cultivava-se aí, mais do que em qualquer outro local, o género histórico. Aimoin, *autor de uma* Historia Francorum, *decidiu por volta de 1005 acrescentar dois livros a uma primeira recolha de* Miracles, *composta em honra de São Bento em meados do século* IX. *Tratou como historiador o livro II e introduziu a descrição dos prodígios numa narração de forte estrutura cronológica; porém, no livro III, classificou-os região por região. Num plano semelhante, André, um outro monge, elaborou depois de 1041 o relato de novos milagres; tal como os cronistas, introduziu alusões frequentes aos acontecimentos políticos, às intempéries, aos meteoros.*(⁸)

b) *Bernardo, antigo aluno da escola episcopal de Chartres e que dirigia, por volta de 1010, a de Angers, visitou, espantado, as relíquias de Santa Fé, em Conques; fez de novo a peregrinação por duas vezes e ofereceu ao bispo Fulberto de Chartres, um dos grandes intelectuais da época, uma narração das maravilhas que se realizavam perto da famosa estátua relicário. Este texto constitui os dois primeiros livros do* Liber miraculorum sancte Fidis(⁹); *os outros dois são obra de um continuador do século* XI.

4. *Verdadeiras* Histórias, *não conhecemos então mais do que três:*
a) *Dudo, deão da colegiada de Saint-Quentin no Vermandois, redigiu para os «duques dos piratas» uma* História dos Normandos, *«três livros dos costumes e dos grandes feitos dos primeiros duques da Normandia», que termina no ano de 1002.*
b) *Quatro livros de* História, *que englobam um período compreendido entre 888 e 995, da autoria de Richer, monge de Saint--Remi de Reims.*(¹⁰)

(⁸) *Miracles de saint Benoît, écrits par Adrevald, Aimoin, André, Raoul Tortaire et Hugues de Sainte-Maure, moines de Fleury*, publicados por CERTAIN, E., Paris, Societé de l'histoire de France, 1858. Este texto é criticado por A. VIDIER, *op. cit.*

(⁹) BERNARDO, *Liber miraculorum sancte Fidis*, publicado por BOUILLET, A. (Collection de textes pour servir à l'étude et à l'enseignement de l'histoire), Paris, A. Picard, 1897.

(¹⁰) RICHER, *Histoire de France*, organização e tradução de LATOUCHE, vol. II, Paris, Les Belles Lettres, 2019.

c) *Outro monge, ainda que instável e pouco dócil, Raul, dito Glaber, vagueou por diversos mosteiros borguinhões, onde os seus talentos literários o levaram a ser bem recebido apesar dos seus defeitos. Em Saint-Bénigne de Dijon, liga-se a Guilherme de Volpiano, herói intransigente da reforma religiosa, que o induz a tornar-se historiador. Consta que teria terminado em Cluny, por volta de 1048, cinco livros de* Histórias, *uma história do mundo desde o começo do século* X, *dedicada ao abade santo Odilon.*([11]) *Raul não tem boa reputação. Dizem-no linguareiro, crédulo, inapto e o seu latim é considerado difuso. Convém não julgar a sua obra em função dos nossos hábitos mentais e da nossa própria lógica. Desde que se queira mergulhar no itinerário do seu espírito, este aparecerá imediata e distintamente como a melhor testemunha do seu tempo.*

([11]) RAUL GLABER, *Histórias, op. cit.*

III
Os testemunhos e a evolução cultural

Raul pertence ao que triunfa, ou seja, ao monaquismo cluniacense; Richer, ao que morre, a esse tipo de cultura episcopal que havia brilhado em Reims no século IX, no tempo de Hincmar, mas que perdeu a importância após o Ano Mil; a velha escola histórica carolíngia morre com ele e com os anais que se estiolam. Basta, portanto, fazer o inventário desta literatura histórica, e observar o modo como ela se encontra repartida no espaço da cristandade latina, para compreender o movimento dos fundamentos culturais que participa na grande subversão das estruturas de que o Ocidente foi palco na época do milénio.

Uma visão monástica

Todas estas obras, como já disse, procedem da renascença carolíngia. Ora, esta estimulava o episcopado, as catedrais e as escolas que lhe eram adjuntas. Quando, por volta de 840, ela dava os seus melhores frutos, todos os grandes homens — todos os grandes escritores — eram bispos. No entanto, a era dourada dos bispos terminou no fim do século X; o seu papel apaga-se ao mesmo tempo que o dos reis. Apenas mantêm algum brilho junto dos tronos. Efetivamente, na nossa lista de obras literárias só figuram dois nomes de bispos, os dos prelados reais: Thietmar, ligado aos reis do Leste, os imperadores saxões; Adalberão, ao rei do Oeste, Roberto de França. Nas regiões ocidentais, cuja evolução é mais precoce, onde são mais poderosas as forças da dissolução que, simultaneamente, minam os fundamentos do poder monárquico e submergem o ofício sacerdotal nos interesses temporais, o recuo da função episcopal aparece mais nitidamente. O panfleto de Adalberão é, aliás, uma crítica acerba ao enfraquecimento real, ligado à intromissão dos monges nos negócios públicos. No que toca à biografia do rei Roberto, esta não é obra de um clérigo da corte; é monástica, foi escrita em Saint-Benoît-sur-Loire e enaltece o que no comportamento do rei se concilia com o ascetismo e com a vocação litúrgica do monaquismo. Porque o Ano Mil é de facto, novamente, o tempo dos monges. Todos os historiadores que citei foram educados em mosteiros, e a maior parte nunca deles saiu. Mais bem adaptadas aos contextos inteiramente rurais da vida material, mais bem preparadas para responder às exigências da piedade laica, porque abrigavam relíquias, porque eram rodeadas por necrópoles, porque aí se rezava durante todo o dia pelos vivos e pelos mortos, porque aceitavam as crianças nobres e porque os velhos senhores nelas se retiravam para morrer, as abadias do Ocidente foram atingidas, mais cedo do que o clero das catedrais, pelo espírito de reforma que reconstruiu as suas ruínas, restaurou a regularidade, reforçou a sua ação salvadora e fez afluir as esmolas na sua direção. As doações piedosas já não vão, então, para os bispos, mas para os abades, e os cartulários episcopais são muito mais reduzidos do que os dos mosteiros. Entre estes últimos situam-se as formas mais desenvolvidas da cultura: os grandes monumentos da arte românica foram abadias, e não catedrais. É através dos olhos dos monges que podemos entrever quase tudo deste tempo.

Observações locais

A esta deslocação dos polos culturais junta-se uma outra transferência, mas de ordem geográfica. O renascimento carolíngio tinha favorecido as regiões realmente francas, a região entre o Loire e o Reno. Um exame atento da literatura histórica mostra que a zona outrora privilegiada perdeu o seu brilho e que o fermento da atividade intelectual tende a dispersar-se em direção à periferia do antigo império. Rumo à Saxónia, que constituiu um refúgio no século X para as comunidades religiosas que fugiam dos salteadores normandos ou húngaros e cujos príncipes, uma vez imperadores, lhes trouxeram as relíquias, os livros e os homens de ciência, e onde se formavam os missionários ligados à conversão dos cristãos pagãos do Norte e do Leste. Rumo à velha Neustria, esmagada outrora pelas incursões escandinavas, mas cujo poder de fecundidade está em vias de se reconstituir em volta de Ruão, de Chartres ou de Orleães. Sobretudo rumo à Gália do Sul, à Borgonha e à Aquitânia, estas regiões romanas por muito tempo submetidas à exploração franca, sempre insubordinadas, mas agora libertas do jugo carolíngio, capazes de explorar o seu velho fundo cultural à volta dos grandes mosteiros de relíquias, em que se estende a pouco e pouco a influência da congregação cluniacense. Esta dispersão é o reflexo do desmoronamento decisivo do Império.

Todos os historiadores da época, os analistas, os cronistas e, mais do que todos os outros, aqueles que se esforçaram por construir uma verdadeira história continuaram persuadidos da unidade do povo de Deus, identificado com a cristandade latina e fascinados pelo mito imperial, expressão dessa mesma coesão.

Portanto [*diz Raul Glaber*], desde o ano 900 do Verbo encarnado que tudo cria e vivifica até aos nossos dias, falaremos dos homens ilustres que brilharam no mundo romano, dos servidores da fé católica e da justiça, fundamentando-nos em informações dignas de fé e naquilo que vimos; falaremos também dos acontecimentos numerosos e memoráveis que se produziram tanto nas santas igrejas como neste ou naquele povo; e é primeiro que tudo ao Império que foi outrora o do mundo inteiro, ao Império romano, que nós dedicámos a nossa narrativa.[12]

Mas, de facto, a própria matéria destas diversas obras históricas traduz a recente fragmentação do Ocidente. A alta aristocracia, que esteve outrora integralmente reunida à volta de um só chefe, o senhor do império Franco, e da qual cada família possuía propriedades dispersas em todas as províncias do Ocidente, aparece agora dividida; algumas grandes raças dominam, cada uma um principado territorial. Nos escritos de Dudo de Saint-Quentin inaugura-se uma historiografia local, inteiramente consagrada à celebração de uma linhagem. Não já a do rei, mas a de um príncipe. Thietmar fala quase unicamente da Saxónia e dos seus confins eslavos, e é justamente

---

[12] RAUL GLABER, *Histórias*, I, 1.

pelo facto de serem saxões que ele se interessa muito pelos imperadores. Unicamente a Aquitânia, e mais exatamente o Angoumois e o Limusino, aparecem na crónica de Adémar quando deixa de utilizar as obras dos outros. Esta restrição progressiva da curiosidade e da informação histórica provém do grande movimento que se desenvolve no Ano Mil, que é um movimento que fraciona o poder, que o localiza, estabelecendo assim a Europa nas estruturas feudais.

IV
Para uma história das atitudes mentais

Uma vez que os documentos deste dossier foram quase todos extraídos de obras literárias, convém indicar rigorosamente o que estas podem fornecer hoje à construção da história.

1. É inútil interrogá-las acerca das condições da vida material. No Ano Mil, o quotidiano não tem o mínimo interesse para os historiadores, os cronistas e ainda menos para os autores de anais. Antes pelo contrário — e voltarei a falar nisto —, o excecional, o insólito, o que quebra a ordem regular das coisas é aquilo que aos seus olhos merece exclusivamente alguma atenção. Na verdade, os atos jurídicos redigidos nas chancelarias não fornecem mais indícios sobre o banal e sobre os contextos normais da existência; quando muito, alguns traços isolados cujo significado só se esclarece em relação ao que se pode por outros meios adivinhar dos tempos que precederam e seguiram esta época. Vislumbra-se um mundo selvagem, uma natureza quase virgem, homens muito pouco numerosos, armados de instrumentos irrisórios, lutando de mãos vazias contra as forças vegetais e os poderes da terra, incapazes de os dominar, penando para lhes arrancar uma alimentação muito pobre, arruinados pelas intempéries, assolados periodicamente pela penúria e pela doença, atormentados constantemente pela fome. Distingue-se também uma sociedade fortemente hierarquizada, grupos de escravos, um povo camponês tragicamente desprovido, submetido inteiramente ao poder de algumas famílias que se desdobram em ramos mais ou menos ilustres, mas reunidas solidamente à volta de um tronco único pela força dos laços de parentesco. Avistam-se alguns chefes, senhores da guerra ou da oração, percorrendo a cavalo um universo miserável, apoderando-se das suas parcas riquezas para ornamentar as suas pessoas, os seus palácios, as relíquias dos santos e as casas de Deus.

2. A política discerne-se mais claramente nestes textos, muitos dos quais foram escritos para louvar príncipes, esses homens que

Deus tinha encarregado de conduzir o povo e cujos atos pareciam então traçar o curso da história:

Do mesmo modo que, percorrendo as vastas terras do mundo ou navegando sobre a imensa extensão das ondas, cada um se volta frequentemente para o cume dos montes ou para o cimo das árvores e para aí dirige o seu olhar para que essas referências reconhecidas de longe o ajudem a chegar, sem se desviar, ao fim da sua viagem — do mesmo modo, na nossa ambição de dar a conhecer o passado à posteridade, os nossos propósitos e a nossa atenção ligam-se muitas vezes, no decurso da nossa narração, à figura dos grandes homens, para que, graças a eles, esta mesma narrativa adquira maior clareza e apresente maior segurança.([13])

Em primeiro plano destacam-se o imperador e o rei (quer dizer o rei de França), os dois monarcas herdeiros de Carlos Magno e de César e que velam conjuntamente pela salvação do mundo. Mas desde logo surgem os chefes das províncias que os progressos do desmembramento feudal colocam em situação de autonomia, um duque dos Normandos, um conde de Angolema. Adémar de Chabannes reveste Guilherme, o Grande, duque dos Aquitanos, de todos os atributos da soberania e emprega, para traçar o seu retrato, as formas retóricas reservadas outrora às biografias imperiais:

O duque da Aquitânia e conde de Poitiers, esse gloriosíssimo e poderosíssimo Guilherme, mostrava-se amável para todos, de sábio conselho, admirável pela sua sabedoria, de liberal generosidade, defensor dos pobres, pai dos monges, construtor e amigo das igrejas e sobretudo amigo da Santa Igreja romana [...].
Para onde quer que fosse, onde quer que reunisse assembleias públicas, dava a impressão de ser mais um rei do que um duque, pela honra e ilustre glória de que a sua pessoa estava coberta. Não somente submeteu ao seu poder toda a Aquitânia, de tal modo que ninguém ousava levantar a mão contra ele, como ainda o rei de

---

([13]) RAUL GLABER, *Histórias*, II, l.

França o tinha em grande consideração. Mais do que isso, Afonso, o rei de Espanha, o rei Sancho de Navarra e também o rei dos Dinamarqueses e dos Anglos, chamado Canuto, tinham sido seduzidos por ele de tal modo que todos os anos lhe enviavam embaixadas carregadas de preciosos presentes, que ele reenviava com presentes mais valiosos ainda. Ligou-se com tal amizade ao imperador Henrique que ambos se honravam com presentes mútuos. E, entre inúmeros presentes, o duque Guilherme enviou ao imperador uma grande espada de ouro fino, onde estavam gravadas estas palavras: «Henrique, imperador, César Augusto». Quando se deslocava a Roma, os pontífices romanos recebiam-no com tanta reverência como se ele fosse o seu imperador augusto, e todo o senado romano o aclamava como pai. Tendo-lhe o conde de Anjou, Foulque, prestado homenagem, ele concedera-lhe como feudo Loudun e vários outros castelos da região do Poitou, assim como Saintes e alguns castelos. Este mesmo duque, quando via um clérigo brilhar pelo seu saber, demonstrava-lhe toda a sua consideração. Foi assim que o monge Renaud, de alcunha Platão, foi nomeado por ele abade do mosteiro de Saint-Maixent, devido à sua ciência. Pela mesma razão, mandou vir de França o bispo de Chartres, Fulberto, famoso pela sua sabedoria, ofereceu-lhe a tesouraria de Saint-Hilaire e mostrou publicamente todo o respeito que lhe tinha [...]. Este duque tinha sido, desde a sua infância, instruído nas Letras e conhecia muito bem as Escrituras. Conservava no seu palácio muitos livros, e quando por acaso a guerra lhe deixava algum tempo de lazer, dedicava-se à leitura, passando longas noites a meditar entre os seus livros até que o sono o vencesse. Este hábito era partilhado pelo imperador Luís e pelo seu pai Carlos Magno. Também Teodoro, o vitorioso imperador, se dedicava frequentemente, no seu palácio, não só à leitura como à escrita. E Octávio César Augusto, quando acabava de ler, não se deixava vencer pela preguiça e escrevia com o seu próprio punho a história dos seus combates, os altos feitos dos Romanos e um sem fim de outros assuntos.([14])

([14]) Adémar de Chabannes, *Crónica*, III, 41 e 54.

Todavia, porque todos estes escritos só se interessam pelos grandes soberanos e porque o excecional retém toda a sua perspicácia, revelam muito pouco sobre o que, naquela altura, transformava completamente o jogo e a repartição dos poderes de comando. Do político, evidenciam o acontecimento, a superfície, e nunca as estruturas. Já nessa época, na Gália Meridional, os próprios principados regionais sofriam os ataques das forças dissolventes que, outrora, os tinham libertado da autoridade monárquica. Contudo, as narrações históricas pouco informam acerca dos castelos, pontos de apoio das novas forças, nem desse grupo social que, em França, toma corpo precisamente entre 980 e 1040, a classe dos cavaleiros. Aos mais lúcidos dos historiadores deste tempo, repugna-lhes empregar palavras — que começavam então a aparecer nas cartas, e nos documentos da prática — para qualificar as novas situações sociais. Estes títulos parecem-lhes demasiado vulgares, demasiado indignos de um texto que pretende igualar os clássicos: prisioneiros do seu vocabulário e da sua retórica, são completamente incapazes de descrever na sua atual verdade a hierarquia dos estatutos pessoais.

3. Pelo menos, estes textos, e aí reside o seu principal valor, fornecem uma contribuição insubstituível à história das atitudes mentais e das representações da psicologia coletiva. O seu testemunho permanece, sem dúvida, limitado, porque emana de um círculo muito restrito, o dos «intelectuais», porque oferece apenas o ponto de vista dos homens da Igreja, ou mais precisamente dos monges. Uma mentalidade fechada por definição; retirar-se entre os muros de um claustro não era voltar as costas ao mundo carnal, romper, fugir? E viver na estreita união comunitária prescrita pela regra beneditina, apenas para um único ofício, a celebração pela liturgia da glória divina? Visão deformada, ensombrada por um pessimismo inerente à vocação monástica, que recusa a sociedade dos homens porque esta é corrupta e que escolhe as privações da penitência.

Acrescento que a mensagem destes textos se encontra singularmente empobrecida pela necessidade de os traduzir. As próprias modalidades de expressão, nas perspectivas de uma história psicológica, não serão, com efeito, por si só muito instrutivas? Esta retórica pomposa, de que os críticos de Raul Glaber condenam a ênfase, as palavras, as suas alianças, a afetação da frase, as suas ligações, os seus ritmos, cuja escolha dirigia então toda a arte de escrever, propõe aos especialistas da linguística e de uma psicologia das mediações todo um material completo ainda inexplorado e cuja análise atenta promete ser apaixonante. Necessidades técnicas impõem que se traduza documentos, ou melhor, que deles se forneça uma transposição que não será destituída de arbitrário. Deixemo-los agora falar, e esforcemo-nos por vislumbrar, através deles, como os seus autores viram o Ano Mil, viveram esse tempo de esperança e de medo, e se prepararam para enfrentar o que foi para eles como uma nova primavera do mundo.

PRIMEIRA PARTE

O sentido da história

I
O milésimo ano da encarnação

Da época feudal, apenas resta uma única crónica que fala do Ano Mil como de um ano trágico: a de Sigeberto de Gembloux. Viram-se nesta época, lê-se neste texto, muitos prodígios, um terrível tremor de terra, um cometa de rasto fulgurante; a irrupção luminosa invadiu o interior das casas e, através de uma fratura do céu, apareceu a imagem de uma serpente. O autor deste texto encontrara nos Annales Leodienses *referências ao sismo. Mas em que baseava o resto? Não era, em todo o caso, na sua experiência: escrevia muito mais tarde, no princípio do século* XII; *não tinha visto nada por si próprio. Uma coisa é certa: foi com o seu aval que se veio instalar a lenda cujos primeiros traços se encontram no século* XVI. *Redigidos nesta época, os Anais de Hirsau retomam, adornando-o, o conteúdo da* Chronographia *de Sigeberto:* No Ano Mil da encarnação, violentos tremores de terra sacudiram toda a Europa, destruindo por todo o lado edifícios sólidos e magníficos. Nesse mesmo ano apareceu no céu um horrível cometa. Muitos dos que o viram acreditaram que se tratava do anúncio do último dia [...]. *Eis o acrescento gratuito: com efeito, dos terrores do Ano Mil a crónica de Sigeberto de Gembloux nada dizia.*

Mas quando examinamos os escritos históricos compostos por contemporâneos, ficamos vivamente impressionados ao descobrir a pouca importância que quase todos dão ao milésimo ano da encarnação. Ele passa despercebido nos Anais de Benevento, *nos de* Verdum, *em Raul Glaber. Lê-se nos* Anais de Saint-Benoît-sur-Loire *uma notícia bastante longa sobre o ano 1003 que descreve inundações insólitas, uma miragem, o nascimento de um monstro que foi afogado pelos seus pais; mas o lugar do milésimo ano da encarnação permanece vazio. Na realidade, um tal silêncio não tem grande significado. Não é verdade que todos esses textos foram escritos posteriormente, quer dizer, passado o pânico, se é que este existiu, e num momento em que, considerando que estes receios tinham sido vãos, não parecia necessário falar deles? Nada permite, portanto, negligenciar outros indícios. Aqui estão dois.*

O sonho de Otão III

Sem precisão de data, um dos manuscritos da crónica de Adémar de Chabannes evoca um dos acontecimentos mais importantes que se produziram no Ano Mil, e que Thietmar e a Crónica de Novalaise *também relatam.*

Nestes dias, o imperador Otão III foi advertido em sonhos de que devia exumar o corpo do imperador Carlos Magno, que está sepultado em Aix. Mas, tendo o esquecimento vindo com o tempo, ignorava-se o local exato onde repousava. E depois de um jejum de três dias, descobriram-no no próprio local em que o imperador o vira em sonhos, sentado numa cátedra de ouro na cripta abobadada sob a basílica de Santa Maria; estava coroado com uma coroa de ouro fino e o seu próprio corpo foi encontrado em estado de perfeita conservação. Exumaram-no para o expor à vista do povo. No entanto, um dos cónegos locais, Adalberto, um homem de um tamanho colossal, pegou na coroa de Carlos, e como se fosse para a medir, cingiu com ela a sua própria cabeça; viu-se então que o seu crânio era mais estreito: a coroa era tão larga que lhe rodeava toda a cabeça.

Medindo em seguida a sua perna pela do soberano, viu-se que era mais pequeno; e de imediato, por intervenção do poder divino, a sua perna partiu-se. Viveu ainda quarenta anos e permaneceu sempre enfermo. O corpo de Carlos foi depositado na ala direita da mesma basílica, por detrás do altar de São João Batista; construiu-se por cima uma magnífica cripta dourada, e ele começou a ilustrar-se através de muitos milagres. No entanto, não o honram com uma solenidade especial; celebra-se simplesmente o seu aniversário como o dos defuntos ordinários.([1])

Para dar a esta cerimónia todo o seu sentido, convém fazer referência ao Pequeno Tratado do Anticristo, *escrito em 954 por Adson, abade de Montier-en-Der. Dirigia-se àqueles a quem o dia do Juízo Final inquietava; apoiando-se em São Paulo, tranquilizava-os, afirmando que o fim do mundo não viria antes de todos os reinos do mundo estarem separados do Império Romano, ao qual haviam sido anteriormente submetidos. Deste modo, para os letrados do século x, o destino do universo parecia intimamente ligado ao do Império: a desagregação desta estrutura mestra da cidade terrestre precederia o retorno ao caos e a destruição de tudo. Assim, a exumação das relíquias de Carlos Magno em Aix-la-Chapelle, como aliás todo o comportamento do imperador Otão III nos quatro anos que precederam o milénio, o seu espírito de penitência, a sua vontade de restabelecer em Roma a sede do Império e de o «renovar» fundamentalmente, ligando-o mais intimamente a precedentes romanos e carolíngios, não poderão ser interpretados como medidas propiciatórias destinadas a conjurar um perigo iminente? Quando veio instalar a sua sede no Aventino, quando retirou dos despojos de Carlos Magno a cruz de ouro, símbolo da vitória, para ele próprio a usar, o imperador do Ano Mil não estaria a ser compelido pela angústia do povo, e pela sua própria angústia, a reforçar por gestos simbólicos os fundamentos do mundo?*

([1]) Adémar de Chabannes, *Crónica*, III, 31.

A propósito do fim do mundo...

Outro testemunho, mais explícito, sobre as crenças populares, sobre uma ansiedade latente de que tiravam partido os pregadores da penitência: aquilo que diz o abade de Saint-Benoît-sur-Loire, Abbon. Ele recorda uma lembrança da sua juventude, um acontecimento que pode ser datado por volta de 975.

A propósito do fim do mundo, ouvi pregar ao povo numa igreja de Paris que o Anticristo viria no fim do ano mil e que o Juízo Final se seguiria pouco depois. Combati vigorosamente esta opinião, apoiando-me nos Evangelhos, no Apocalipse e no Livro de Daniel.([2])

É evidente que o sábio e doutor que é Abbon não partilha destes receios, e, como escreve em 998, pode-se mesmo pensar que, se estes tivessem sido verdadeiramente violentos entre o povo cristão, ele teria sido obrigado, para os dissipar na imediata proximidade do milénio, a desenvolver bastante mais os seus argumentos. Permanece, contudo, fora de questão que no limiar do século XI um sentimento de expectativa se tenha estabelecido no centro da consciência coletiva.

([2]) *Liber Apologeticus*, in MIGNE, *Patrologie latine*, tomo 139, vol. 461.

II
A espera

Para o cristianismo, a história possui uma orientação. O mundo tem uma idade. Foi criado por Deus numa certa época. Então, Ele escolheu para si um povo e guia a sua marcha. Num certo ano, num certo dia, tornou-se Homem entre os homens. Alguns textos, os da Sagrada Escritura, permitem o cálculo das datas, a da criação, a da encarnação, e, portanto, o discernimento dos ritmos da história. Estes mesmos textos — os que utiliza Abbon —, os Evangelhos, o Apocalipse anunciam que um dia virá o fim do mundo. Ver-se-á surgir o Anticristo, que seduzirá os povos da terra. Depois o céu abrir-se-á para o regresso do Cristo em glória, que virá julgar os vivos e os mortos. No Reino, na Jerusalém celeste terminará a longa caminhada do povo de Deus. Convém estar-se preparado para enfrentar o dia da cólera. Os monges dão o exemplo: cobriram-se com as vestes da abstinência e colocaram-se na vanguarda da marcha coletiva. O seu sacrifício só tem sentido em função da espera. Mantêm-na. Exortam cada um a perscrutar os preliminares da Parúsia.

Millenium

Ora, uma página da Escritura, o capítulo XX do Apocalipse, fornece a chave de uma cronologia prospectiva:

Em seguida vi um anjo descer do céu tendo na mão a chave do Abismo, bem como a enorme corrente. Dominou o Dragão, a antiga Serpente — é o diabo, Satanás — e acorrentou-o por mil anos. Lançou-o no Abismo, fechou sobre ele os ferrolhos, selou-os, para que ele não mais enganasse as nações, até ao fim dos mil anos. Depois disto, deve ser libertado por pouco tempo.
[...] Passados os mil anos, Satanás, liberto da sua prisão, irá seduzir as nações dos quatro cantos da terra, Gog e Magog, e juntá-las para a guerra, tão numerosas como a areia do mar [...].

Quer dizer que «passados os mil anos», o mal invadirá o mundo e começará o tempo das tribulações. Tal é o fundamento do milenarismo. Monge, formado nas técnicas do cômputo, mais precisamente no cálculo dos ritmos do tempo, imbuído do sentimento de que a história é ordenada por cadências regulares, acostumado a elucidar o mistério recorrendo às analogias e às virtudes místicas dos números, Raul Glaber propõe à história da humanidade esta periodização:

E como este mesmo Criador, quando pôs em movimento todas as peças da máquina do mundo, levou seis dias para acabar a sua obra, e terminada esta, repousou no sétimo, do mesmo modo, durante sete vezes mil anos, empenhou-se no ensino dos homens, multiplicando a seus olhos os prodígios significativos. Portanto, nos séculos passados, nenhuma época decorreu sem ver estes sinais miraculosos que proclamam o Deus eterno, até àquela em que o grande princípio de todas as coisas apareceu na terra revestido da forma humana, e que é a sexta da história do universo. E crê-se que na sétima terminarão as diversas agitações deste mundo terreno, sem dúvida para que tudo o que teve um começo encontre no autor do seu ser o fim mais conveniente ao seu repouso.([3])

O ano 1033

Mas, na verdade, que milénio? O do nascimento ou o da morte de Jesus? O da encarnação ou o da redenção? No cristianismo do século XI, a Páscoa tinha muito mais importância do que o Natal. À volta desta festa organizava-se o ciclo litúrgico; ela marcava o começo do ano. E na existência dos homens, numa época em que se desenvolviam os ritos dos funerais e da celebração dos defuntos, era o aniversário da morte de um homem, e nunca aquele mal conhecido, o da sua entrada no mundo, que era motivo de atenção e de cerimónia. A era cristã começava evidentemente na encarnação.

([3]) RAUL GLABER, *Histórias*, I, 26.

Mas tendo o Ano Mil passado sem danos, não se devia transferir a espera até ao ano de 1033, tido pelo do milénio da Paixão?

É, de facto, em função de um duplo millenium *que Raul Glaber — escrevendo* a posteriori *— ordena a sua história. Pretendeu recolher os factos que, diz-se, se multiplicaram por volta do milésimo ano de Cristo nosso Salvador. Ele parte do ano 900; avança tanto quanto lhe será permitido fazê-lo. Descobre à volta do Ano Mil sinais de corrupção que concordam com a profecia de João, segundo a qual Satanás seria liberto depois de completados mil anos.*

Mas depois dos numerosos sinais e prodígios que, quer antes, quer depois, de qualquer forma à volta do ano mil do Senhor Cristo, se produziram no mundo, não faltaram homens engenhosos e de espírito penetrante para predizerem sinais e prodígios não menos consideráveis com a aproximação do milénio da Paixão do Senhor; o que, de facto, se produziu claramente.([4])

Porque, a bem dizer, o que interessava a estes homens não eram os acontecimentos, mas os «sinais e prodígios». Com efeito, a história não tinha outra função para eles senão a de alimentar a meditação dos fiéis, aguçar a sua vigilância, e por esse motivo evidenciar as advertências que Deus prodigalizava às suas criaturas através dos «milagres», «presságios», «profecias». De facto, é preciso observar como o conhecimento do Criador se manifestou progressivamente, desde o começo do género humano. Primeiro, Adão, e com ele toda a sua raça, proclama Deus seu Criador quando, privado das alegrias do paraíso e condenado ao exílio pela sua culpável desobediência aos preceitos divinos, chora e lamenta a sua miséria. Mas desde que o género humano se multiplicou por toda a terra, se a previdente bondade do seu Criador não o tivesse de novo trazido para o seio da sua misericórdia, há muito que ele teria completamente soçobrado sem salvação no abismo do seu erro e da sua cegueira. É por isso que, desde o seu início, os divinos decretos do seu bom Criador lhe proporcionaram prodigiosos milagres nas coisas, presságios extraordinários

---

([4]) RAUL GLABER, *Histórias*, IV, 1.

nos elementos, e também, na boca dos maiores sábios, profecias destinadas a inculcar-lhe por via divina simultaneamente a esperança e o receio.([5])

Quanto mais se aproxima o fim do mundo, mais se vê multiplicarem-se estas coisas de que falam os homens.([6])

Falam delas; inquietam-se com elas; interrogam-se sobre o sentido obscuro destas coisas, acerca das advertências que contêm. Escutam aqueles cujas virtudes e saber os guiam para o Reino, esses clérigos e esses monges que nos deixaram o seu testemunho. Mas estes, para decifrar a história, utilizavam os recursos do seu espírito. Importa, pois, antes de tudo, informarmo-nos sobre os seus hábitos mentais.

([5]) RAUL GLABER, *Histórias*, I, 26.
([6]) *Ibid.*, I, 25.

SEGUNDA PARTE

Os mecanismos mentais

I
Os estudos de Gerberto

As nossas testemunhas pertencem todas ao pequeno grupo dos letrados, dos privilegiados que haviam frequentado as escolas. Ora, por intermédio de algumas fontes, é possível conhecer a formação que puderam receber. Ainda que, neste aspeto como nos outros, os documentos só falem do excecional: é acerca de Gerberto, o mais sábio dos homens do seu tempo, que melhor nos informam. Antes de ser designado arcebispo de Reims e, em seguida, de Ravena, e de vir a ser, por fim, sob o nome de Silvestre II, o papa do Ano Mil, Gerberto dirigira a escola episcopal de Reims. Na sua história, Richer, que foi seu aluno, fala demoradamente sobre a ciência do mestre.

Descreve, em primeiro lugar, a maneira como Gerberto se instruíra. O arcebispo de Reims, Adalberão, empenhado na reforma do seu clero, procurava educar convenientemente nas artes liberais os filhos da sua igreja. Enquanto refletia para si mesmo acerca disto, a própria Providência enviou-lhe Gerberto, homem de um grande génio e de uma admirável eloquência. Em breve, por ação deste, toda a Gália resplandeceu e irradiou como um facho ardente. Natural da Aquitânia, fora educado desde a sua infância no mosteiro do santo confessor Géraud [*em Aurillac*] e instruído na gramática. Aconteceu que, quando era adolescente e prosseguia aí os seus estudos, Borrel, duque da Espanha citerior [*a Catalunha*], veio orar a este mesmo mosteiro. O abade local recebeu-o com muita urbanidade e no decorrer da conversa perguntou-lhe se se encontravam em Espanha homens muito conhecedores nas artes [*liberais*]. O duque respondeu-lhe logo afirmativamente; de imediato o abade persuadiu-o a levar consigo um dos religiosos para aprender as artes. O duque acedeu generosamente a este pedido; com o consentimento dos irmãos, levou Gerberto e confiou-o ao bispo Hatton [*de Vich*] para ser instruído. Junto deste, Gerberto estudou as matemáticas profunda e eficazmente.

Mas como a providência queria que a Gália, ainda entenebrecida, brilhasse com uma grande luz, inculcou no espírito do duque e do bispo a ideia de irem a Roma para orar. Terminados os preparativos, puseram-se a caminho e levaram com eles o adolescente que lhes fora confiado. Chegando à cidade, e depois de terem orado diante dos santos apóstolos, foram apresentar-se ao papa [...] de boa memória e oferecer-lhe de entre os seus bens o que lhe fosse agradável.

A inteligência do adolescente, assim como a sua vontade de aprender, não passaram despercebidas aos olhos do papa. Como a música e a astronomia eram, então, completamente ignoradas em Itália, o papa deu logo a Otão, rei da Germânia e de Itália, através de um legado, a informação de que chegara um jovem que conhecia muito bem as matemáticas e que podia ensiná-las com segurança. Imediatamente o rei sugeriu ao papa que ligasse a si o jovem e lhe não concedesse nenhuma hipótese de partir. Ao duque e ao bispo que com ele tinham vindo de Espanha, o papa simplesmente disse que o rei queria por algum tempo ficar com o jovem, que em breve o faria regressar com honra e que as suas mercês o recompensariam. Deste modo persuadiram o duque e o bispo a regressar a Espanha, deixando o jovem sob esta condição.

Entregue ao papa, o jovem foi oferecido por este ao rei. Interrogado sobre a sua arte, respondeu que dominava bem as matemáticas, mas que queria aprender a ciência da lógica. Como se empenhava muito nesta aprendizagem, não permaneceu aqui muito tempo a ensinar.

Nesta época, G., arquidiácono de Reims, tinha uma grande reputação como lógico. Acabara nesse momento de ser enviado por Lotário, rei de França, a Otão, rei de Itália. À sua chegada, o jovem dirigiu-se alegremente ao rei e conseguiu ser confiado a G. Ligou-se a este durante algum tempo e foi levado com ele para Reims. Aprendeu com ele a ciência da lógica e progrediu rapidamente. Em contrapartida, G., que se pusera a estudar as matemáticas, foi vencido pelas dificuldades desta arte e renunciou à música.([1])

Este texto tão esclarecedor revela:

1. *Que os estudos estavam inscritos no contexto das sete artes liberais, copiado outrora pelos pedagogos carolíngios das escolas do Baixo Império. Do* trivium, *apenas se ensinava em Saint-Géraud de Aurillac a gramática (ou seja, o latim), não a retórica, nem a dialética (lógica). Na Catalunha, nos limites do islão, o conhecimento do* quadrivium *(Richer fala de «matemáticas», e frisa: «música e astronomia») estava muito mais desenvolvido que em qualquer outro lugar.*

2. *Que não se podia propriamente falar da existência de escolas, mas que um jovem clérigo que quisesse avançar nos estudos procurava por toda a cristandade mestres a quem sucessivamente se pudesse ligar. Procurava também livros. Poder-se-á fazer uma ideia desta extrema mobilidade, desta busca incessante dos instrumentos do saber, através de dois outros testemunhos.*

Richer chamado a estudar em Chartres

Enquanto eu refletia muitas vezes nas artes liberais e desejava aprender a lógica de Hipócrates de Cós, encontrei um dia na cidade de Reims um cavaleiro de Chartres. Perguntei-lhe quem era e a quem pertencia, porquê e donde vinha, e ele disse-me ter sido enviado por

---

([1]) RICHER, *Histoire de France*, IV, 42–45.

Héribrand, clérigo de Chartres, e querer falar com Richer, monge de Saint-Rémi. Surpreendido pelo nome do amigo e o objetivo da missão, informei-o de que eu era aquele que ele procurava. Beijámo-nos e afastámo-nos dali. De imediato deu-me uma carta convidando--me às leituras dos *Aforismos*. Cheio de alegria, arranjei um criado e prontifiquei-me a partir para Chartres [...].

Estudei, pois, assiduamente os *Aforismos* de Hipócrates, junto do mestre Héribrand, um homem de grande generosidade e de grande ciência [...]. Como apenas aí pude encontrar o diagnóstico das doenças, e como o simples conhecimento das doenças não correspondia ao que eu esperava, solicitei-lhe a leitura do seu livro intitulado *Do Acordo entre Hipócrates, Galeno e Surano*. Obtive-o, porque para um homem tão experimentado na arte, as propriedades da farmácia, da botânica e da cirurgia não tinham segredos.([2])

A correspondência de Gerberto: «copistas e livros...»

Para Evrard, abade de Saint-Julien de Tours.

[...] é da maior utilidade saber falar de modo a persuadir e conter o arrebatamento dos espíritos perturbados pela doçura da sua eloquência. Foi com este fim que me apliquei a formar uma biblioteca. Desde há muito em Roma, em toda a Itália, na Germânia e na Bélgica, gastei muito dinheiro para pagar a copistas e comprar livros, ajudado em cada província pela boa vontade e solicitude dos meus amigos. Permite-me pois que te peça que me faças o mesmo serviço. Segundo o que me disseres, enviarei ao copista o pergaminho e o dinheiro necessários, e quanto a ti, ficarei reconhecido pelo teu favor [...].

A Rainard, monge de Bobbio.

[...] Sabes com que ardor procuro por toda a parte livros; sabes também quantos copistas se encontram nas cidades e nos campos de Itália.

([2]) RICHER, *Histoire de France*, IV, 50.

Mete, portanto, mãos à obra e, sem o dizer a ninguém, manda-me copiar à tua custa, M. Manilius, *Da Astrologia*, Victorinus, *Da Retórica*, Demóstenes, *Oftálmico*. Prometo-te guardar um silêncio inviolável sobre o teu fiel serviço e sobre a tua louvável cortesia, e comprometo-me a enviar-te generosamente o que gastares, quanto e quando quiseres [...].(³)

(³) GERBERTO, *Cartas*, 44 e 130, publicadas por BARTHÉLEMY, E., *Gerbert, étude sur sa vie et ses ouvrages, suivi de la traduction de ses lettres*, Paris, Lecoffre, 1868.

II
O ensino de Gerberto em Reims

Gerberto, que se tinha imposto ao arcebispo pelo mérito do seu saber, beneficiou de todas as suas mercês. A pedido seu foi encarregado de instruir nas artes as equipas de estudantes.

«Por que ordem utilizou os livros para ensinar», este título do capítulo 46 das Histórias *de Richer ainda insiste sobre o papel desempenhado, nas técnicas escolares, pela «lição», a leitura de um autor pelo mestre. Richer descreve também o avanço dos estudos: os alunos de Gerberto já receberam o ensino elementar do gramático; são sucessivamente iniciados nos dois outros ramos do* trivium. *As leituras do mestre incidem em primeiro lugar sobre a dialética.*

Lógica

Explicou a dialética e esclareceu o sentido das palavras percorrendo por ordem estes livros: primeiramente, comentou o *Isagogo* de Porfírio, isto é, as *Introduções*, segundo a tradução do retórico Victorino e também segundo Boécio, estudou o livro de Aristóteles sobre as *Categorias*, quer dizer, os predicados, depois expôs com perfeição o que é o *Peri Hermeneias*, ou seja, o livro *Da Interpretação*; por fim, ensinou aos seus auditores os *Tópicos*, quer dizer, o fundamento das provas, traduzidos do grego para o latim por Cícero e esclarecidos pelos seis livros de comentários de Boécio.

Leu também e explicou com utilidade os quatro livros sobre os diferentes tópicos, os dois livros sobre os silogismos categóricos, os três sobre os hipotéticos, um livro sobre as definições e um livro acerca das divisões.

Retórica

Praticamente todas as obras sobre as quais se fundamenta o ensino da lógica são de Boécio. Gerberto passa em seguida à retórica. Numa carta ao monge Bernardo de Aurillac, anuncia ter estabelecido um quadro da retórica desenvolvido em vinte e seis folhas de pergaminho ligadas entre si e formando um todo em duas colunas justapostas, cada uma de treze folhas. Este trabalho sem contestação parece admirável aos ignorantes; é útil aos escolares estudiosos para lhes fazer compreender as regras muito subtis da retórica e para as fixarem na sua memória.

Todavia,

temendo que os seus alunos não pudessem adquirir a arte da oratória sem conhecer os modos de elocução que apenas se podem aprender com os poetas, utilizou pois estes últimos e achou por bem familiarizar com eles os seus alunos. Portanto, leu e comentou os poetas Virgílio, Estácio e Terêncio, bem como os satíricos Juvenal, Pérsio e Horácio, e por fim o historiador Lucano. Assim que os seus alunos os conheceram bem e se instruíram na sua eloquência, introduziu-os na retórica.

Astronomia

Contudo, era no quadrivium — chamado aqui «matemáticas» e composto, por ordem, pela aritmética, a música, a astronomia e a geometria — que Gerberto, como se viu, brilhava.

Começou por iniciar os seus alunos na aritmética, que é a primeira parte das matemáticas. Depois ensinou a fundo a música, antes completamente ignorada na Gália. Dispondo as notas no monocórdio, distinguindo nas suas consonâncias e nas suas sinfonias os tons e semitons, os dítonos e os sustenidos, e distribuindo racionalmente os tons em sons, tornou completamente perceptíveis as suas relações.

Construção de uma esfera maciça: — Para demonstrar a sagacidade deste grande homem e fazer sentir ao leitor de uma forma mais adequada a eficácia do seu método, não é inútil mostrar à custa de que esforços reuniu os princípios da astronomia. Numa época em que esta ciência era quase ininteligível, conseguiu, para espanto de todos, dá-la a conhecer graças a alguns instrumentos. Representou, primeiramente, a esfera terrestre em modelo reduzido através de uma esfera redonda e maciça de madeira; inclinou-a, com os seus dois polos, obliquamente em relação ao horizonte; muniu o polo superior com as constelações setentrionais e o polo inferior com as constelações austrais; regulou a sua posição pelo círculo a que os Gregos chamam «horizonte», e os Latinos «limitante» ou «determinante», porque é graças a ele que se distinguem e delimitam as constelações visíveis das que o não são. Colocou a esfera sobre o horizonte a fim de mostrar de uma maneira prática e convincente o nascer e o pôr das constelações. Iniciou também os alunos às ciências naturais e ensinou-os a compreender as constelações. De noite, voltava-se para as estrelas brilhantes e dedicava-se a medir a sua oblíqua em relação às diversas regiões do mundo, tanto no nascimento como no ocaso.

Significação dos círculos intermediários: — Quanto aos círculos a que os Gregos chamam «paralelos» e os Latinos «equidistantes», e de cujo carácter incorpóreo não se deve duvidar, ele explicava-os do seguinte modo. Construiu um semicírculo cortado por um diâmetro, diâmetro esse constituído por um tubo, nas extremidades do qual marcou os dois polos, boreal e austral. De um polo a outro, dividiu o semicírculo em trinta partes. Na sexta, a partir do polo, colocou um tubo a representar o círculo ártico. Depois, saltando por cima de cinco divisões, acrescentou um tubo a indicar o círculo dos países quentes. Quatro divisões adiante, colocou um tubo idêntico para marcar o círculo equinocial. Dividiu segundo as mesmas dimensões o resto do espaço até ao polo sul.

A estrutura deste instrumento, com o diâmetro dirigido para o polo e a convexidade do semicírculo voltada para cima, permitia a apreensão dos círculos invisíveis e a sua fixação na memória.

Construção de uma esfera muito útil para o conhecimento dos planetas: — Arranjou um artifício para visualizar a revolução dos planetas, ainda que estes ao moverem-se se cruzem no interior do mundo.

Em primeiro lugar, fez uma esfera circular, ou seja, constituída somente por círculos. Nela colocou os dois círculos que os Gregos chamam «coerentes» e os Latinos «incidentes», porque se cortam. Nas suas extremidades fixou os polos. Em seguida, fez passar pelos coluros cinco outros círculos, ditos paralelos, de maneira que, de um polo ao outro, a metade da esfera fosse dividida em trinta partes. E isto de um modo nem vulgar nem confuso: das trinta partes do hemisfério, estabeleceu seis do polo ao primeiro círculo, cinco do primeiro ao segundo, quatro do segundo ao terceiro, quatro ainda do terceiro ao quarto, cinco do quarto ao quinto, seis do quinto ao polo. Em relação a estes círculos, colocou obliquamente o círculo chamado pelos Gregos «*loxos*» ou «*zoe*» e pelos Latinos «oblíquo» ou «vital», porque contém as figuras de animais que representam as estrelas. No interior desta oblíqua suspendeu os círculos dos planetas através de um admirável artifício. Demonstrou aos seus alunos de maneira muito eficaz as suas revoluções, as suas alturas e as suas distâncias respetivas. De que modo? Para o dizer seria necessário um desenvolvimento que nos afastaria do nosso propósito.

Construção de uma outra esfera para explicar as constelações: — Além desta esfera, fez uma outra circular, no interior da qual não dispôs círculos, mas sobre a qual representou as constelações com fios de ferro de cobre. Atravessou-a com um tubo servindo de eixo que indicava o polo celeste. Quando se olhava para ele, o aparelho representava o céu. Fora feito de modo que as estrelas de todas as constelações eram representadas por sinais sobre a esfera. Este aparelho tinha algo de divino: mesmo sem mestre, aquele que ignorasse a arte podia, se lhe mostrassem uma das constelações, reconhecer todas as outras na esfera. Assim instruía Gerberto nobremente os seus alunos. E é tudo quanto à astronomia.

Geometria

Confeção de um ábaco: — Não se esforçou menos para ensinar a geometria. Para a introdução a esta disciplina, mandou um armeiro fazer um ábaco, ou seja, uma tábua com compartimentos.

Estava dividida no comprimento em vinte e sete partes. Aí dispôs os nove algarismos que representam todos os números. Também mandou fazer mil caracteres em corno, à imagem destes algarismos. Quando eram deslocados pelos vinte e sete compartimentos do ábaco, indicavam a multiplicação e a divisão dos números. De tal forma que se multiplicava e dividia uma grande quantidade de números e se atingia o resultado em menos tempo do que seria necessário para formular a operação. Quem quisesse conhecer perfeitamente esta ciência, devia ler o livro escrito por Gerberto para o gramático Constantino de Saint-Benoît-sur-Loire; aí encontrará esta matéria abundantemente tratada.([4])

Nas escolas episcopais, o estudo da língua latina e das suas subtilezas, baseado em exemplos clássicos, e o estudo do raciocínio demonstrativo, segundo os pequenos tratados de lógica em que Boécio, no limiar dos tempos medievais, resumira brevemente em latim a dialética grega, formavam o primeiro ciclo do ensino. Através da aprendizagem dos meios de expressão e de persuasão, ele tinha por objetivo, à semelhança do sistema escolar antigo de que provinha, formar oradores. Quanto ao segundo ciclo, pretendia comunicar certos conhecimentos de ordem prática (a música era de imediata utilidade para os homens da Igreja, cuja primeira função consistia então em cantar a glória de Deus a todas as horas do dia). Mas oferecia também uma visão global e íntima da criação. Com efeito, orientado para a astronomia, para o estudo dos números e das concordâncias tonais, este ciclo mostrava a ordem profunda do universo, refletida pelo movimento circular dos astros, pelas relações matemáticas e pelos ritmos concordes.

([4]) RICHER, *Histoire de France*, III, 45–47, 49–54.

III
A instrução dos monges

Na maior parte dos mosteiros — nomeadamente nos de Cluny —, uma reação ascética que se iniciara no começo do século IX tinha consideravelmente restringido a parte dos estudos. Em Saint-Benoît--sur-Loire, Abbon desenvolvera o ensino, mas em Aurillac, por exemplo, este ficava-se pela gramática. Gerberto teve de procurar mestres noutros lugares, perto de catedrais. A «escola» monástica diferia geralmente, portanto, da «escola» episcopal, e a mentalidade dos monges da dos clérigos. De facto, os monges tinham fugido aos prazeres do mundo e viviam no silêncio. Para quê iniciá-los nas artes (perversas) da eloquência e da persuasão? Bastava-lhes conhecer o latim, a língua da Escritura, e deixar o seu espírito, tanto na meditação como na oração, discorrer livremente nos vocábulos da língua sagrada. Como a sua existência era inteiramente consagrada ao canto coral nas cerimónias ininterruptas da liturgia, a experiência musical e a ciência das relações harmónicas agiam sobre o seu comportamento mental com mais força do que no meio das catedrais. Para eles, nada de retórica ou de dialética. Esta orientação particular dos estudos fez-se sentir imediatamente na maneira de se exprimirem, ou seja, nos seus livros, e por conseguinte na maior parte dos textos aqui reunidos.

O perigo de ler os poetas

Desde o começo do século X, os abades de Cluny prevenia constantemente os irmãos das perniciosas seduções das letras profanas. A mesma atitude se notava em Raul Glaber:

Pela mesma altura, um mal comparável surgiu em Ravena. Um tal Vilgard aplicava-se com uma paixão pouco comum ao estudo da arte gramatical (foi sempre costume dos italianos negligenciar as outras artes para seguir aquela). Inchado de orgulho pelos conhecimentos da sua arte, começou a dar sinais crescentes de estupidez: uma noite, os demónios tomaram a aparência dos poetas Virgílio, Horácio e Juvenal e apareceram-lhe; fingiram agradecer-lhe o amor com que se dedicava a estudar o que haviam dito nos seus livros e por contribuir com tanta felicidade para a sua fama aos olhos da posteridade. Além disso, prometeram-lhe que mais tarde partilharia da sua glória. Corrompido por esta mistificação diabólica, pôs-se a ensinar com ênfase muitas coisas contrárias à santa fé: declarava que as palavras dos poetas deviam ser dignas de crédito sob todos os aspetos. Por fim, foi julgado como herético e condenado por Pedro, pontífice da cidade. Descobriram-se então, por toda a Itália, numerosos sectários deste pernicioso dogma, que sucumbiram também pelo ferro ou pelo fogo.([5])

No fio da meditação

Quanto aos mecanismos lógicos que comandavam o pensamento monástico, podemos descobri-los em certas passagens das Histórias, *especialmente na longa dissertação em que Glaber empreende a refutação dos erros dos heréticos de Orleães.*

Também nós, com os fracos meios da nossa inteligência, nos decidimos a responder, nem que seja com brevidade, aos erros que acabámos de expor. Todavia, em primeiro lugar, exortamos todos os fiéis a deixarem acalmar o seu coração com esta fala profética do apóstolo que, prevendo no futuro tais traições, disse: «É preciso que haja heresias, para distinguir os que têm uma verdadeira fé.» O que, portanto, melhor caracteriza a tolice destes heréticos e os mostra verdadeiramente desprovidos de toda a ciência e de toda a sabedoria é negarem a existência do autor de todas as criaturas, ou seja, de Deus. Porque é claro que, se toda e qualquer coisa, seja qual for a sua massa ou a sua grandeza, é dominada pela grandeza de uma outra, é então evidente que tudo procede de um ser maior que tudo. E este

---

([5]) RAUL GLABER, *Histórias*, II, 23.

raciocínio é válido tanto para as coisas corpóreas como incorpóreas. Também é preciso saber que não é por todas as coisas, corpóreas ou incorpóreas, poderem ser modificadas por qualquer acidente, qualquer impulsão ou ação, que elas deixam de proceder do imutável Senhor das coisas, e que é através dele, se um dia deixarem de existir, que terão o seu fim. Como o autor de todas as criaturas é de sua própria essência imutável, de sua própria essência bom e verídico; como é ele que, com toda a sua omnipotência, distribui e ordena de forma inefável as diversas espécies da natureza, nada há fora dele onde possam encontrar repouso e só podem voltar àquele de que procedem. É evidente que nada no universo foi destruído pelo Criador, a não ser as espécies que transgridem insolentemente a ordem por ele determinada à natureza. Assim, as coisas são tão melhores e tão mais verdadeiras quanto mais solidamente e firmemente se atêm à ordem da sua própria natureza. E assim acontece que todas as coisas que obedecem firmemente às disposições do seu Criador, ao servi-lo, o proclamam de uma forma contínua. Mas se acontece que uma, por lhe ter temerariamente desobedecido, cai em desgraça, ela serve de aviso para aquelas que permanecem no bom caminho. Entre todas estas criaturas, a espécie humana ocupa de certa maneira o lugar do centro, acima de todos os animais e abaixo dos espíritos celestes. Portanto, esta espécie, como que a meio caminho entre as superiores e as inferiores, torna-se semelhante àquela de que mais se aproxima. E é por isso que ela tanto mais ultrapassa os seres inferiores quanto melhor imita a natureza dos espíritos superiores. Somente ao homem foi dada, sobre todos os outros animais, a possibilidade de se elevar espiritualmente; mas em contrapartida, se não conseguir, torna-se o mais desprezível de todos. Esta condição particular foi sabiamente prevista desde a origem, pela bondade do Criador Todo-Poderoso; ele viu que a maior parte das vezes o homem se afastava dos céus e se deixava cair muito baixo; e por isso, suscitou, no decorrer dos tempos, numerosos prodígios, a fim de o instruir e permitir que se elevasse.

Nenhum encadeamento lógico, ausência de «razões»; mas o fio de uma meditação moral. No fim — uma vez mais — os prodígios.

Desejo de Deus

Disso dá-nos testemunho o livro inteiro, as páginas todas das divinas Escrituras. Estas Escrituras, devidas ao ensino do próprio Todo-Poderoso, e cujo objetivo particular é fornecer da sua existência toda a espécie de provas, elevam ao mesmo tempo o espírito e a inteligência do homem que delas se alimenta com o fim de conhecer o seu Criador. Mostrando a este homem aquilo a que é superior e o que está acima dele, enchem-no de um desejo insaciável. Porque quanto mais ele se desgosta do que encontra ao seu alcance, mais se inflama de amor pelos bens que lhe faltam; quanto mais o seu amor o aproxima destes bens, tanto mais se aperfeiçoa e embeleza; quanto mais se torna bom, mais se assemelha ao Criador que é a bondade suprema. É, portanto, fácil de compreender que qualquer homem a quem falte o desejo deste amor torna-se, sem dúvida, mais desprezível e mais vil do que qualquer animal; porque, se é o único de todos os seres animados a poder pretender a beatitude da eternidade, nenhum animal vivo se arrisca como ele a conhecer a punição eterna dos seus erros e dos seus crimes. Mas se um homem deseja na sua alma conhecer o seu Criador, primeiro que tudo é necessário que aprenda a tomar consciência do que faz a sua superioridade; porque, segundo o testemunho de uma autoridade venerável, o homem traz em si a imagem do seu Criador, principalmente porque possui, único entre os seres vivos, o dom precioso da razão. Mas se as vantagens desta razão são salvaguardadas pela moderação de si próprio e o amor do Criador, ou seja, a verdadeira humildade e a caridade perfeita, em contrapartida os seus benefícios são anulados pela desprezível concupiscência e pelo arrebatamento. O homem que não triunfa dos seus vícios torna-se semelhante aos animais; aquele que pratica estas virtudes é talhado à imagem e semelhança do Criador: a humildade dá-lhe a noção do que ele é, a caridade fá-lo aceder à semelhança do seu Criador. E se os homens dirigem a este orações e oferendas, é para lhe pedir que preserve neles intacto o dom da razão, ou pelo menos para que a sua bondade aumente e corrija esta dádiva quando esta se altera. E, portanto, louvores e bênçãos elevam-se a este mesmo

Criador e são, para os homens sãos de espírito e de razão sólida, outros tantos testemunhos do seu conhecimento.

Estes sinais estão contidos na Sagrada Escritura, estão lá para manter o desejo de Deus, aquele arrebatamento do amor de que fala o abade João de Fécamp e que é a via do verdadeiro conhecimento, intuitivo e não racional. Qualquer monge pensa que nada se conhece pela inteligência, mas pelo amor e pela prática das virtudes.

O estudo, caminho da perfeição

Quanto mais cada um de nós conseguir progredir no conhecimento do Criador, tanto mais constatará que este conhecimento o engrandece e o aperfeiçoa. E em nada poderá blasfemar a obra do Criador porque, de tanto o conhecer, ter-se-á tornado melhor do que era. Também é claro que quem quer que blasfeme a obra divina é estranho ao conhecimento divino. Daqui se segue, como consequência certa, que, se o conhecimento do Criador conduz qualquer homem ao supremo bem, a sua ignorância precipita-o nos piores males. Muitos, pela sua idiotia, só mostram ingratidão pelos seus benefícios, desperdiçam as obras da sua misericórdia e colocam-se, pela sua incredulidade, abaixo dos animais; estes estão para sempre mergulhados nas trevas da sua cegueira. E o que, para a maior parte dos homens, é o melhor remédio que os conduz à salvação, é apenas para outros, por sua falta, a ocasião de uma eterna infelicidade.

Como o saber se inscreve nos caminhos da ética e só tem sentido como instrumento de salvação, o estudo nada mais pode ser do que um exercício espiritual, um dos que preparam a entrada no Reino.

Tudo isto se compreende de maneira particularmente clara nesta graça singular do Pai Todo-Poderoso, enviada espontaneamente por ele do céu aos homens, por intermédio do Filho coeterno da sua majestade e da sua divindade, Jesus Cristo. Do mesmo modo que seu Pai, fonte de toda a vida, de toda a verdade e de toda a existência, ele ofereceu àqueles que acreditam nele sem desvios um documento desconhecido de todos durante séculos, velado de enigmas e de mistério: o das Escrituras, pleno de testemunhos que o designam. Neste documento, por meio de palavras verídicas e de prodígios, ele mostra que ele próprio, e o seu Pai e o seu Espírito, são em três verdadeiras distintas pessoas apenas um único e mesmo ser, de uma única eternidade e de um único poder, de uma única vontade e de uma única ação, e, o que resume tudo isto, de uma única bondade e participando igualmente em todas as coisas da mesma essência. Dele, e por ele, e nele existem todas as coisas reais, e ele sempre existiu plena e igualmente antes de todos os tempos, sendo o princípio das coisas; e ele é a plenitude de tudo e o fim de tudo. Mas enquanto o próprio Todo-Poderoso escolhera entre as criaturas aquela que ocupa o lugar do centro, ou seja, o homem, para nele reproduzir a sua própria imagem, deixando-o ao seu livre arbítrio, e além disso tendo-lhe proposto todas as riquezas do mundo, este homem, sem se preocupar em guardar a medida da sua condição, pretendeu ser mais ou diferente do que havia decidido a vontade do seu criador, e de imediato caiu de tão alto quanto a sua presunção. E foi para o reerguer que este mesmo Criador enviou ao mundo a pessoa do Filho da sua divindade revestir esta imagem de si próprio, que ele havia primitivamente formado. Missão tão benfazeja e sublime quão delicada e admirável. Mas a maior parte dos homens não soube ou não quis conceder-lhe confiança ou amor quando poderia encontrar nela a inteligência suficiente para a sua salvação; muito pelo contrário, enraizados nos seus vários erros, esses homens mostraram-se tão mais rebeldes à verdade quanto estavam evidentemente fechados ao seu conhecimento. Estão, sem dúvida nenhuma, na origem de todas as heresias, de todas as seitas do erro espalhadas por toda a terra. Todos estes, se não se transformarem, se não se puserem a seguir Cristo depois de fazerem penitência, melhor seria para eles jamais terem existido. Mas aqueles cujo espírito está cheio de fé e que obedecem ao Senhor, amando-o e acreditando nele, tornam-se tanto melhores quanto mais perfeitamente tenham aderido àquele que é a origem e a perfeição de todo o bem. São eles que constituem o louvável grupo dos bem-aventurados, cuja venerável memória honra o desenrolar dos séculos. A esses foi-lhes dado existir e viver felizes para sempre junto do Criador de todas as coisas e sentir a sua beatitude crescer infinitamente ao contemplá-lo. Mas agora acreditamos ter realizado o que tínhamos em mente, e dado resposta suficiente com estas simples palavras às loucuras desses condenados.([6])

Simbólica

O essencial é, portanto, decifrar as mensagens, simultaneamente «palavras verdadeiras e prodígios», de que estão cheios o universo visível e a história, e que abundam no texto da Escritura. Num cuidado igual de elucidação, o saber das escolas catedrais e o saber dos mosteiros reúnem-se assim num método, no qual se fundem, nesta época, toda a pedagogia e toda a aventura intelectual: a exegese. O mestre, ao ler diante dos seus alunos um autor, Gerberto, ao traçar sobre as esferas os sinais das constelações, o monge, ao ruminar as palavras dos Salmos, esperam, segundo a palavra de São Paulo, aceder «através do visível ao invisível», penetrar enfim o enigma do mundo, ou seja, atingir Deus. A lógica jamais intervém nessa pesquisa; muito mais o faz a descoberta das analogias e o recurso aos símbolos, na medida em que a criação, nas suas dimensões espaciais e temporais, aparece como um tecido de correspondências. Deste método, que fornece a chave de todas as criações deste tempo, as da arte, da literatura ou da liturgia, examinemos ainda de Raul Glaber um exemplo:

Há quem tenha por costume perguntar porque é que os tempos da nova fé, ou da graça, já não são, como os antigos, lugar de visões das coisas divinas e de milagres. A esses é preciso responder brevemente invocando testemunhos retirados da própria Sagrada Escritura, se o seu coração estiver ainda aberto aos dons do Espírito Santo. Em primeiro lugar escolheremos no Deuteronómio um testemunho evidente. Depois de se ter alimentado durante quarenta anos do maná

([6]) RAUL GLABER, *Histórias*, III, 28–30.

celeste, o povo dos Hebreus atravessou o Jordão e chegou à terra de Canaã; o céu deixou então de lhe fornecer o maná e os filhos de Israel nunca mais utilizaram esta espécie de alimento. Qual é a prova que tiramos disto, nós, para quem quase tudo consiste em figuras, senão a de percebermos que, depois de atravessarmos o nosso Jordão, ou seja, depois do batismo de Cristo, também já não devemos procurar ver cair do céu sinais e presságios? E devemos, pelo contrário, contentar-nos com este pão vivo, pelo qual aquele que dele se alimenta recebe a vida eterna e a posse da terra dos vivos. Por outro lado, por ordem do Senhor, Moisés ordenou que todos os vasos que tivessem caído nas mãos do seu povo como saque de guerra fossem purificados pela água, se fossem de madeira, e pelo fogo, se fossem de bronze. Isto também significa que os vasos, ou seja, os homens que, tomados como saque ao antigo inimigo, vieram engrossar a parte do Salvador, devem ser purificados pela água do batismo e pelo fogo do martírio. Deve também ser interpretado como símbolo tipológico aquele bordão transformado em serpente, de que Moisés fugiu com tanto medo, mas que transformou de novo em bordão ao agarrá-la pela ponta da cauda. Essa serpente oriunda de um bordão designa o poder da divindade revestida da carne da Santa Virgem Maria. Moisés representa o povo judeu que, vendo o Senhor Jesus verdadeiro Deus e verdadeiro Homem, se afasta dele incrédulo; mas irá reconhecê-lo nos tempos do fim do mundo, o que é manifestado pela cauda da serpente. E aquela passagem do Mar Vermelho, em que este mar é dividido ou erguido e depois os povos são passados a fio de espada sob a ordem do Senhor, significa evidentemente o reino do povo israelita, que subsiste durante algum tempo, depois estiola-se e aniquila-se. No começo da nova aliança, no princípio do reino de Cristo, o Senhor Jesus, de pé e caminhando sobre as ondas do mar, permitiu que Pedro, que colocara à cabeça da sua Igreja, caminhasse junto dele; mas o que é que isto demonstra a todos os fiéis, senão que todas as nações, submetidas e não completamente destruídas ou exterminadas, servirão de fundamento ao reino de Cristo que deve durar para todos os séculos? Com efeito, há nas palavras de Deus frequentes passagens segundo as quais o mar é a figura do mundo presente.

Muitas vezes, quando queremos elucidar por palavras uma questão importante, fracassamos e saímos diminuídos; como diz a Escritura: «Aquele que quer perscrutar a majestade do Senhor é esmagado pela sua glória.»([7])

([7]) RAUL GLABER, *Histórias.*, V, 10, 11.

TERCEIRA PARTE

O visível e o invisível

I
As correspondências místicas

A matéria e os métodos de ensino imprimem profundamente no espírito dos sábios do Ano Mil a convicção de uma coesão e de uma harmonia essenciais entre a parte do universo que o homem pode apreender pelos sentidos e aquela que lhe escapa. Entre a natureza e o sobrenatural, nenhuma barreira, mas, pelo contrário, comunicações permanentes, correspondências íntimas e infinitas. Através das palavras, passando do seu significado exterior para aquele, cada vez mais interno, pelo qual nos aventuramos no domínio do incognoscível, o comentário dos gramáticos e dos retóricos e a glosa que resume e prolonga a leitura dos «autores» procuram passo a passo desvendar o complicado enredo destas relações ocultas. Quanto às ciências associadas do quadrivium, *elas levam a discernir as ligações misteriosas que unem aos sons da música, os números e o curso regular das estrelas — ou seja, a descobrir a ordem do cosmos — ou seja, a descobrir de Deus uma imagem menos infiel.*

«Conexões especulativas»

Coloquemos, portanto, aqui essa meditação sobre a «quaternidade divina», característica desta atitude de espírito e dos limites em que se mantém então prisioneiro o pensamento sábio. Raul Glaber introdu-la no princípio das suas Histórias, *como para situar a sua obra de historiador na junção do mundo visível e do invisível, na encruzilhada do espaço e do tempo, no ponto de encontro do cosmos e do microcosmos, da natureza, da moral e da fé.*

Distinguindo entre as suas criaturas pela multiplicidade das figuras e das formas, Deus, criador de tudo, quis ajudar (por meio do que os olhos veem ou do que discerne o espírito) a alma do homem sábio a elevar-se a uma intuição simples da divindade. Na procura e no conhecimento aprofundado destas questões notabilizaram-se, em primeiro lugar, os padres gregos católicos, que não eram filósofos medíocres. Exercitando a sua perspicácia em numerosos assuntos, chegaram à noção de certas quaternidades pelas quais o atual mundo terreno e o mundo superior que deve vir são explicados à inteligência. As quaternidades e os seus atos, uns sobre os outros, uma vez discernidos por nós com nitidez, tornarão mais ágeis os espíritos e as inteligências que os estudam. Há, portanto, quatro Evangelhos que constituem no nosso espírito o mundo superior; existem outros tantos elementos que constituem o baixo mundo; e também quatro virtudes que são soberanas sobre todas as outras e, uma vez inculcadas em nós, nos levam a praticar todas. Do mesmo modo há quatro sentidos, sem incluir o tacto, que está ao serviço dos outros, mais subtis. Assim, o que representa o éter, elemento do fogo, no mundo sensível, representa a prudência no mundo intelectual: com efeito, ela eleva-se para o alto, na ânsia do desejo de se aproximar de Deus. O que o ar representa no mundo corporal, representa a força no mundo intelectual, mantendo tudo o que vive e fortificando cada um nos seus atos. Assim como a água se comporta no mundo corporal, a temperança comporta-se no intelectual: alimento dos bons, transportando consigo uma multidão de virtudes e servindo a fé pelo desejo do amor de Deus. E a terra, no mundo inferior, dá uma imagem conforme à da justiça no mundo intelectual, permanente e imutável regra de uma equitativa distribuição.

Deste modo, por toda a parte se distingue uma estrutura semelhante à estrutura espiritual dos Evangelhos: o Evangelho de Mateus contém a figura mística da terra e da justiça, visto que mostra, mais claramente do que os outros, a substância da carne do Cristo feito homem. O Evangelho de Marcos dá uma imagem da temperança e da água, fazendo ver a penitência purificadora decorrente do batismo de João. O de Lucas faz aparecer a similitude entre o ar e a força porque é difuso no espaço e corroborado por numerosas narrativas. Enfim, o de João, mais sublime do que os outros, significa o éter, origem de fogo, e a prudência, porque através dele um conhecimento simples de Deus e a fé insinuam-se nas nossas almas. A estas conexões especulativas dos elementos, das virtudes e dos Evangelhos deve-se justamente associar o homem, ao serviço de quem todas estas coisas são postas. Porque a substância da sua vida foi chamada pelos filósofos gregos microcosmos, ou seja, pequeno mundo. A vista e o ouvido, que servem a inteligência e a razão, dizem respeito ao éter superior, o mais subtil dos elementos e, mais sublime do que todos os outros, também mais nobre e mais claro. Vem em seguida o olfato, que dá significado ao ar e à força. O gosto ajusta-se bem a dar da água e da temperança um significado apropriado. E o tacto, que é inferior a todas as coisas, mais sólido e mais pesado do que os outros, produz perfeita expressão da terra e da justiça.

Raul Glaber parte de uma figura simples, o quadrado, sinal místico da criação material (no centro da Igreja, a nave e o transepto estabelecem pela sua intersecção tal figura, e a escultura românica coloca de bom grado, nos seus quatro cantos, as imagens dos Evangelistas). Por meio de aproximações analógicas, esforça-se por pôr em evidência as «conexões especulativas» entre o mundo terreno e o mundo «intelectual». O que, através de um percurso semelhante ao da oração, conduz à intuição do divino e implica, por acréscimo, uma definição mística da história:

Estas incontestáveis relações entre as coisas inculcam-nos Deus de uma maneira ao mesmo tempo evidente, bela e silenciosa; logo que, através de um movimento imutável, uma determinada coisa apresenta em si mesma uma outra, pregando o princípio primeiro de que elas procedem, todas procuram repousar aí de novo. É preciso também, à luz desta reflexão, examinar com espírito atento o rio que sai do Éden no Oriente e se divide em quatro cursos muito bem conhecidos: o primeiro, o Pisom, cujo nome quer dizer «abertura da boca», significa a prudência, a qual é sempre difusa e útil nos melhores, porque foi pela sua própria inércia que o homem perdeu o paraíso, e é com a ajuda da prudência que ele o deve reconquistar. O segundo, o Giom, cujo nome significa «abertura da terra», simboliza a temperança, alimento da castidade, que extirpa os ramos dos vícios. E o terceiro, o Tigre, cujas margens são habitadas pelos Assírios, ou seja, pelos dirigentes, significa por seu lado a força que, após ter expulsado os vícios prevaricadores, dirige, com a ajuda de Deus, os homens para as alegrias do reino eterno. Quanto ao quarto, o Eufrates, cujo nome significa «abundância», designa evidentemente a justiça, que alimenta e reconforta todas as almas que ardentemente a desejam. Ora, do mesmo modo que o nome destes rios traz em si as imagens das quatro virtudes e, ao mesmo tempo, a figura dos quatro Evangelhos, do mesmo modo estas virtudes estão contidas em figuras nas épocas da história do mundo, que estão divididas em quatro. Porque desde o princípio do mundo até à vingança do dilúvio, pelo menos naqueles que, na bondade da simples natureza, conheceram o seu Criador e o amaram, a prudência foi rainha, como em Abel, em Enoque, em Noé, ou em todos os outros que, pela força da sua razão, cumpriram o que lhes competia; é certo que a temperança foi o quinhão de Abraão, e dos outros patriarcas que foram favorecidos por sinais e visões, como Isaac, Jacob, José e outros que, na boa e na má fortuna, amaram acima de tudo o seu Criador; a força é afirmada por Moisés e por estes outros profetas, homens verdadeiramente cheios de firmeza, que fundaram as prescrições da lei, porque vemo-los ocupados a aplicar sem fraquejar os duros preceitos da lei; enfim, depois da vinda do Verbo

Encarnado, o século inteiro é preenchido, regido e rodeado pela justiça, meta e fundamento de todas as outras virtudes, segundo as palavras que a voz da verdade disse ao Batista: «É necessário que façamos cumprir a justiça.»[1]

---

[1] RAUL GLABER, *Histórias*, I, 2, 3.

II
A ordem social e sobrenatural

Existem outras manifestações da conformidade do visível ao invisível. Encontramo-la, por exemplo, na estrutura da sociedade humana, esta homóloga a essa outra sociedade que, no além, povoa o Reino dos Céus. Tornar percetível uma coordenação tão íntima é justamente o propósito do bispo Adalberão de Laon quando descreve a ordenação das relações humanas para o rei Roberto, o Pio. O pensamento do prelado tende a perder-se nas virtuosidades verbais e rítmicas desenvolvidas pelos requintes da retórica nas escolas episcopais. Ele consegue, no entanto, descrever a nova hierarquia de classes cujo rigor, nessa mesma altura, durante o segundo quarto do século XI, acabava de se impor a todos os homens capazes de reflexão; a partir desse momento, nenhum deles duvidaria de que o género humano se acha, desde a criação, dividido em três ordens, a ordem dos que oram, a ordem dos que combatem, a ordem dos que trabalham. Este não é, de modo algum, o lugar indicado para precisar em que medida esta representação mental traduz a realidade vivida e se ajusta aos novos comportamentos originados pelos progressos da decomposição feudal. Visto que nos mantemos no plano das atitudes intelectuais e das reações sentimentais, é suficiente indicar que, para Adalberão, a legitimidade da nova repartição das condições sociais se funda no facto de esta corresponder harmoniosamente à ordem que rege a sociedade espiritual. Deus, criando o homem à sua imagem, não dispôs hierarquias semelhantes no céu como na terra? Em todo o caso, não se poderia admitir que as duas cidades, a natural e a sobrenatural, a terrestre e a divina, manifestassem entre elas qualquer discordância.

Adalberão dirige-se ao rei Roberto como a um igual: com efeito, através de uma cerimónia semelhante, a sagração, o bispo e o soberano receberam de Deus a sabedoria que lhes permite peneirar o véu das aparências.

A Jerusalém celeste

Lembra-te da grande glória de que te cumulou o Rei dos reis; ele conferiu-te na sua clemência uma dádiva mais preciosa do que todas as outras: deu-te a inteligência da verdadeira sabedoria, graças à qual tu podes compreender a natureza das coisas celestes e eternas. Tu estás destinado a conhecer a Jerusalém celeste, com as suas pedras, os seus muros, as suas portas, com toda a sua arquitetura e os cidadãos que ela espera e em cuja intenção ela foi edificada. Os seus numerosos habitantes estão separados, para melhor serem governados, em classes distintas; a omnipotência divina aí impôs uma hierarquia. Poupo-te os detalhes, que seriam longos e fastidiosos.

O rei

A ciência não me diz respeito; deixemos sempre isso à divina Providência. Mas o espírito humano está próximo da divindade e aquele que quer ignorar o que está acima de si não se pode conhecer. Essa poderosa Jerusalém, penso, não é outra coisa senão a visão da serenidade divina; governa-a o Rei dos reis, o Senhor reina nela, e foi com este fim que a repartiu em classes. Nenhuma das suas portas possui qualquer metal; nela as paredes não são feitas de pedras, e as pedras não formam muros; são pedras vivas, vivo o ouro que pavimenta as ruas e cujo brilho passa por mais esplendoroso do que o do ouro mais fino. Construída para ser a morada dos anjos, abre-se também a multidões de mortais; uma parte dos seus habitantes governa, outra nela vive e respira. É tudo o que sei dela, mas gostaria que me dissessem mais.

O bispo

O leitor assíduo deseja conhecer o maior número de coisas possível; enquanto um espírito sonolento e sem ardor tem por costume esquecer mesmo aquilo que outrora aprendeu. Caríssimo rei, consulta os livros de Santo Agostinho; ele é tido como alguém que soube explicar o que é a sublime cidade de Deus.

O rei

Diz-me, bispo, peço-te, quais são aqueles que a habitam; os príncipes, se nela os há, são iguais entre si, ou, se não o são, qual é a sua hierarquia?

O bispo

Interroga Dionísio, cognominado Areopagita: deu-se ao cuidado de escrever dois livros sobre este tema. O santo pontífice Gregório também fala nisso nos seus *Moralia*, onde procura analisar a fé do bem-aventurado Job; também trata disso com muita clareza não só nas suas homilias, como também e ainda no fim do seu *Ezequiel*. A Gália recebeu os seus escritos como presente. Tais coisas escapam às concepções dos mortais. Vou expô-las para ti; depois dir-te-ei o sentido alegórico das minhas palavras.

Santo Agostinho, Dionísio Areopagita e Gregório Magno são, de facto, os autores fundamentais em que se baseia, nos claustros do Ano Mil, o esforço de elucidação do mistério, e o que leva a meditação a atingir as iluminações divinas. Adalberão refere-se a eles para definir as duas características mais importantes da Jerusalém celeste, essa morada radiosa que, no fim do mundo, a humanidade ressuscitada contemplará: ela está disposta em hierarquia como a cidade terrestre; «morada dos anjos», está completamente aberta aos mortais que caminham para ela, porque, no plano divino, a comunicação deve finalmente estabelecer-se entre as duas partes do universo.

A sociedade eclesiástica

O povo celeste forma, portanto, vários corpos, e é à sua imagem que se encontra organizado o povo da terra. Na lei da Antiga Igreja do seu povo, Igreja que usa o nome simbólico de Sinagoga, Deus, por intermédio de Moisés, estabeleceu ministros cuja hierarquia regulamentou. A história santa conta quais os ministros que aí foram instituídos. A ordem da nossa Igreja é chamada o Reino dos Céus. O próprio Deus nela estabeleceu ministros sem mácula, e é a nova lei que aí se observa sob o reino do Cristo. Os cânones dos concílios, inspirados pela fé, determinaram como, sob que títulos e por quem devem aí ser instituídos os ministros. Ora, para que o Estado goze da paz tranquila da Igreja, é necessário submetê-lo a duas leis diferentes, definidas uma e outra pela sabedoria, que é a mãe de todas as virtudes. Uma é a lei divina: não faz distinções entre os seus ministros; segundo ela, todos são da mesma condição, por mais diferenças que se estabeleçam entre eles pelo nascimento ou pela posição; um filho de um artesão não é inferior ao herdeiro de um rei. A estes, esta lei clemente interdita qualquer vil ocupação mundana. Não sulcam a terra; não caminham atrás dos bois; mal se ocupam das vinhas, das árvores, dos jardins. Não são nem carniceiros nem estalajadeiros, nem mesmo guardadores de porcos, condutores de bodes ou pastores; não peneiram o trigo, ignoram o abrasador calor de uma marmita gordurosa; não transportam porcos em carros de bois; não são lavadeiras e desdenham o lavar da roupa. Mas devem purificar a sua alma e o seu corpo; honrar-se pelos seus costumes e velar sobre os dos outros. A lei eterna de Deus ordena-lhes, pois, que sejam assim sem mancha; declara-os libertos de qualquer condição servil. Deus adotou-os: são os seus servos; ele é o seu único juiz; do alto dos céus ordena-lhes que sejam castos e puros. Pelas suas ordens submeteu-lhes o género humano inteiro; nem um só príncipe se encontra isento, porque ele disse «inteiro». Ordena-lhes que ensinem a conservar a verdadeira fé e que mergulhem aqueles que ensinaram na água santa do batismo; constituiu-os médicos das chagas que podem gangrenar as almas, e estão encarregados de nelas aplicar os cautérios das suas palavras. Ordena que unicamente o padre seja qualificado para administrar o sacramento do seu corpo. Confia-lhe a sublime missão de oferecer esse mesmo corpo. O que a voz de Deus prometeu nunca será recusado, acreditamo-lo, sabemo-lo; a menos que sejam expulsos pelos seus próprios crimes, estes ministros devem sentar-se nos primeiros lugares nos céus. Portanto, devem velar, abster-se de muitos alimentos, nunca deixar de rezar pelas misérias do povo e pelas suas. Disse pouca coisa do clero, pouca coisa da sua organização; o ponto essencial é que os clérigos são iguais em condição.

Enquanto na Igreja, situada na junção entre o carnal e o sagrado, Deus quer que se anulem todas as distinções sociais, vê-se a sociedade civil, mais afundada no material, dividir-se em ordens. E é a autoridade conjunta do rei (de França) e do imperador (rei da Germânia), um e outro imagens de Deus na terra, que garante a estabilidade de uma tal ordenação.

As três ordens

O rei

Deste modo a casa de Deus será uma, regida por uma só lei?

O bispo

A sociedade dos fiéis forma um só corpo, mas o Estado compreende três. Porque a outra lei, a lei humana, distingue duas outras classes: com efeito, nobres e servos não são regidos pelo mesmo estatuto. Duas personagens ocupam o primeiro lugar: uma é o rei, a outra o imperador; é pelo seu governo que vemos assegurada a solidez do Estado. O resto dos nobres tem o privilégio de não suportar a opressão de nenhum poder, desde que se abstenha dos crimes reprimidos pela justiça real. Eles são os guerreiros, os protetores das igrejas; são os defensores do povo, dos grandes como dos pequenos, enfim, de todos, e asseguram ao mesmo tempo a sua própria segurança. A outra classe é a dos servos: esta raça infeliz apenas possui algo à custa do seu penar. Quem poderia, pelas bolas da tábua de calcular, fazer a conta dos cuidados que ocupam os servos, das suas longas caminhadas, dos seus duros trabalhos? Dinheiro, vestuário, alimentação, os servos fornecem tudo a toda a gente. Nem um só homem livre poderia subsistir sem os servos.

A casa de Deus, que todos acreditam ser uma, está pois dividida em três: uns oram, outros combatem, outros, enfim, trabalham. Estas três partes que coexistem não suportam ser separadas; os serviços prestados por uma são a condição das obras das outras duas; cada uma, por sua vez, encarrega-se de aliviar o conjunto. Por conseguinte, este triplo conjunto não deixa de ser um; e foi assim que a lei pôde triunfar, e o mundo gozar da paz.([2])

([2]) ADALBERÃO, in HÜCKEL, G.A., «Les poèmes satiriques d'Adalbéron», *Mélanges d'histoire du Moyen Âge*, Paris, Alcan, 1901, pp. 148–156.

III
Presença dos defuntos

O político e o social são assim concebidos como as projeções de uma ordem imanente; aos eclesiásticos compete a missão fundamental de estabelecer ritualmente as ligações entre o mundo dos reis, dos cavaleiros e dos camponeses e o dos anjos. Mas, pela mesma profunda razão, também existem relações constantes entre o país dos mortos e o dos vivos. De facto, os defuntos vivem; lançam apelos, e devemos estar atentos para os perceber. É precisamente no Ano Mil que a Igreja do Ocidente acolhe, por fim, crenças muito antigas da presença dos mortos, na sua sobrevivência, invisível e, no entanto, pouco diferente da existência carnal. Frequentam um espaço incerto entre a terra e a cidade divina. Lá esperam, dos seus amigos e parentes, ajuda, um serviço, orações, gestos litúrgicos capazes de aliviar as suas penas. Vemo-los aparecer várias vezes na narrativa de Raul Glaber. Mas os que se apercebem de tais mensagens do além são eles mesmos rapidamente tragados pela morte.

Na época seguinte [995], a nação dos Sarracenos, com o seu rei Almançor, saiu das regiões africanas, ocupou quase todo o território espanhol até aos confins meridionais da Gália e fez grandes massacres de cristãos. Apesar da inferioridade das suas forças, Guilherme, duque de Navarra, cognominado o Santo, atacou-os muitas vezes. A penúria dos efetivos obrigou inclusive os monges da região a pegar em armas temporais. Houve grandes perdas de um lado e de outro; por fim, a vitória foi concedida aos cristãos, e depois de terem sacrificado muitos dos seus, o que restava de sarracenos refugiou-se em África. Mas, evidentemente, nesta longa sucessão de combates, sucumbiram muitos religiosos cristãos que, ao pegarem nas armas, tinham obedecido mais a sentimentos de caridade fraterna do que a qualquer pretensioso desejo de glória.

Nesta época, um irmão chamado Goufier, de modos doces e caritativos, vivia no mosteiro de Moûtiers-Saint-Jean, em Tardenois. Num domingo, teve uma visão divina bem digna de crédito. Quando, depois da celebração das matinas, se recolhia ao mosteiro para rezar enquanto os outros irmãos iam procurar algum repouso, a igreja inteira encheu-se de repente de homens vestidos de fatos brancos e ornamentados com estolas de cor púrpura, cujo semblante grave muito dizia da sua qualidade àquele que os via. À sua frente caminhava, transportando a cruz na mão, um homem que se dizia bispo de numerosos povos, e assegurava-lhes que era necessário celebrarem nesse mesmo dia e naquele lugar a Santa Missa. Ele e os outros declaravam ter assistido nessa noite à celebração das matinas com os irmãos do mosteiro. E acrescentavam que o ofício das laudes que aí tinham ouvido convinha perfeitamente a este dia. Era o oitavo domingo de Pentecostes, dia em que, em congratulação pela ressurreição do Senhor, pela sua ascenção e pela vinda do Espírito Santo, se tem o costume, na maior parte das regiões, de salmodiar responsos de palavras verdadeiramente sublimes, de uma melodia deliciosa, e tão dignos da divina Trindade quanto o pode ser uma obra do espírito humano. O bispo aproximou-se do altar do mártir São Maurício e, entoando a antífona da Trindade, começou aí a celebrar a Santa Missa. Entretanto, o nosso irmão perguntava quem eram, de onde vinham, a razão desta visita. Não mostraram dificuldade alguma em responder-lhe:

«Somos», disseram, «religiosos cristãos; mas para proteger a nossa pátria e defender o povo católico, nós fomos, na guerra dos Sarracenos, separados pelo gládio do nosso humano invólucro corporal. É por isso que agora Deus nos chama a todos em conjunto para partilhar a sorte dos bem-aventurados; mas foi-nos necessário passar por esta região porque aqui se encontram muitas pessoas que em breve se vão juntar à nossa companhia.»

Aquele que celebrava a missa, no fim da oração dominical, deu a bênção a todos, e mandou um deles dar também o beijo da paz ao nosso irmão. Este, depois de ter recebido o beijo, viu que o outro lhe fazia sinal para o seguir. Mas desapareceram ao tentar seguir atrás deles. E o irmão compreendeu que em breve ia sair deste mundo, o que não deixou de acontecer.

Com efeito, cinco meses após ter tido esta visão, ou seja, em dezembro seguinte, dirigiu-se a Auxerre por ordem do seu abade para aí cuidar de alguns irmãos do mosteiro de Saint-Germain que estavam doentes; pois ele era instruído na arte da medicina. Desde a sua chegada, exortou os irmãos, por quem tinha vindo, a tudo fazerem para se curarem o mais rapidamente possível. Com efeito, sabia que a sua morte estava próxima. Eles responderam-lhe:

«Faz-nos o favor de repousares hoje das fadigas da viagem, para que amanhã te encontres em melhor estado.»

Ele respondeu:

«Se não termino hoje o que me falta fazer, tanto quanto me for possível, vereis que amanhã nada disto farei.»

Eles julgaram que ele gracejava porque tinha tido sempre um carácter alegre e esqueceram os seus avisos. Mas, na madrugada do dia seguinte, ele teve uma dor aguda; alcançou como pôde o altar da bem-aventurada Maria sempre Virgem, para aí celebrar a Santa Missa. Depois de a ter dito, voltou à enfermaria, e já vítima de intoleráveis sofrimentos, estendeu-se no seu leito. Como acontece em casos semelhantes, o sono fez-lhe cerrar as pálpebras no meio das suas angústias. De repente, viu diante dele a Virgem no seu esplendor, irradiando uma luz imensa, a perguntar-lhe o que temia. Como ele a contemplava, ela acrescentou:

«Se é a viagem que temes, não tenhas receio; servir-te-ei de protetora.»

Tranquilizado com esta visão, pediu para vir para junto dele o preboste local, chamado Achard, homem de um profundo saber, que depois foi abade deste mosteiro, e contou-lhe em pormenor esta visão e também a precedente. Este disse-lhe:

«Reconfortai-vos no Senhor, meu irmão; mas como vistes o que é raramente dado a ver aos homens, é necessário que pagueis o tributo da carne, a fim de que possais partilhar da sorte daqueles que vos apareceram.»

E os outros irmãos convocados fizeram-lhe a visita usual em tais casos. Ao fim do terceiro dia, quando a noite caía, deixou o seu corpo. Todos os irmãos o lavaram segundo o costume, prepararam-lhe um sudário e fizeram soar todos os sinos do mosteiro. Um laico, homem, no entanto, muito religioso, que habitava na vizinhança, ignorando a morte do irmão, pensou que os sinos tocavam as matinas e levantou-se, como era hábito, para ir à igreja. Na altura em que chegava a uma ponte de madeira que se encontrava quase a meio caminho, várias pessoas da vizinhança ouviram para os lados do mosteiro vozes que gritavam: «Puxa! Puxa! Trá-lo depressa!»

A estas vozes, uma outra respondia:

«Este, não posso, mas levar-vos-ei um outro se houver possibilidades.»

No mesmo instante, o homem que se dirigia à igreja supôs ver diante dele, na ponte, um dos seus vizinhos (era um diabo) dirigir-se-lhe, um do qual não podia ter medo; chamou-o pelo seu nome e disse-lhe para atravessar com precaução. Mas logo o espírito maligno, tomando a forma de uma torre, se elevou nos ares, querendo armar uma ratoeira ao nosso homem enquanto ele seguia com o olhar os seus falaciosos prestígios. Completamente distraído com o que via, o infeliz deu um passo em falso e caiu pesadamente sobre a ponte. Levantou-se depressa e protegeu-se fazendo o sinal da cruz; reconhecendo nesta partida a maldade do demónio, voltou para casa, mais prudente. Aliás, pouco tempo depois, chegou a sua vez de morrer em paz.([3])

([3]) RAUL GLABER, *Histórias*, II, 9.

IV
Relíquias

Deste modo, as palavras do texto sagrado e a música do cântico dos salmos não são as únicas, pelos seus ritmos e pela diversidade do seu sentido, a abrir as vias do invisível. As próprias coisas também abrem por vezes essas suas portas e o além revela-se então aos olhos e aos ouvidos do homem, já não por símbolos, mas por fenómenos. Os mais sábios dos eclesiásticos prestam, portanto, atenção aos encantos, aos sortilégios, às ambiguidades familiares, ao pensamento selvagem e a todas as mediações mágicas. Para eles não existem dúvidas: influxos estranhos, emanando do outro mundo, perturbam, de tempos a tempos, os ritmos regulares da natureza. O mistério encontra-se presente permanentemente, visível, tangível.

Reis taumaturgos

De facto, incontestavelmente, o maravilhoso brota sem cessar de pessoas e objetos sagrados. E, primeiro que tudo, da mão real. Porque a unção do óleo santo, no dia da sagração, impregnou o corpo do rei da glória e da força divinas. Desde então, encontra-se possuído por um poder sobrenatural. O seu toque cura. Helgaud foi o primeiro a descrever os milagres do rei de França:

O belo palácio que se encontra em Paris tinha sido construído por ordem do rei Roberto, pelos seus homens. Querendo, no santo dia da Páscoa, honrá-lo com a sua presença, ordenou que pusessem a mesa segundo o uso real. Enquanto estendia as mãos para as abluções, um cego irrompeu da multidão de pobres que, comprimindo-se à sua volta, constituía o seu séquito perpétuo, e suplicou-lhe humildemente que lhe aspergisse a cara com água. E logo ele, tomando por uma brincadeira o pedido do pobre, assim que teve água entre as mãos, lançou-lha à face. De imediato, à vista de todos os grandes do reino que estavam presentes, o cego foi curado ao receber esta água; e, enquanto todos o felicitavam bendizendo o Senhor, o rei sentou-se à mesa e foi o mais alegre dos convivas. Durante todo o dia, aqueles que tinham tomado parte no festim falaram disso louvando o Deus Omnipotente; e teriam talvez apenas falado de coisas frívolas e ociosas se naquele dia não tivessem sido iluminados por uma tal luz. E podemos acreditar, não sem razão, que este palácio merece ser honrado frequentemente com a estadia real, visto que a virtude divina o notabilizou por um tal milagre e consagrou-o pela alegria do povo, no primeiro dia em que o rei muito piedoso nele quis festejar.

Poderes dos corpos santos

Todavia, existiam então objetos nos quais, melhor ainda do que na aparição dos mortos e nos poderes maravilhosos do rei, se via o outro mundo penetrar no quotidiano da vida terrena e operar-se o encontro entre o cristianismo e as crenças profundas do povo. Estes objetos são o que resta da existência terrestre dos santos, os seus corpos, as suas ossadas, os seus túmulos, são as relíquias. No respeito que estes restos inspiram repousa, de facto, a ordem social; pois todos os juramentos que tentam disciplinar o tumulto feudal são de facto prestados com a mão sobre um relicário.

Imbuído de uma justiça rigorosa, este mesmo sereníssimo rei [*Roberto, o Pio*] esforçava-se por nunca manchar a boca com mentiras e, pelo contrário, por estabelecer a verdade no seu coração e na sua boca; e jurava frequentemente pela fé do Senhor nosso Deus. É por isso que, querendo tornar tão puros como ele (subtraindo-os ao perjúrio) aqueles de quem recebia o juramento, tinha mandado fazer um relicário de cristal, decorado a toda a volta de ouro fino, mas sem relíquias de santos, sobre o qual juravam os grandes do reino, ignorantes da sua piedosa fraude. Mandou fazer um outro em prata, no qual pôs um ovo do pássaro chamado grifo e sobre o qual fazia prestar juramento aos menos poderosos e aos camponeses.([4])

([4]) HELGAUD, *Vie de Robert le Pieux. Epitoma vitae regis Roberti Pii*, 11 e 12, org. BAUTIER, R.-H. e LABORY, G., *Sources d'histoire médiévale*, Paris, CNRS, 1965.

Privado das relíquias que contém, um santuário perde imediatamente o que lhe confere valor:

Por esses dias, Geoffroi, abade de Saint-Martial, sucessor de Aubaut, acompanhado do conde Boson, dirigiu-se com um grande grupo de guerreiros a uma igreja que alguns senhores tinham injustamente retirado a São Marcial; dela levou o corpo de São Vaulry e trouxe-o consigo para Limoges. Aí guardou as relíquias deste santo confessor até ao dia em que estes culpados senhores reconheceram e proclamaram o justo direito de São Marcial. E quando isto se passou, retomando a posse do seu bem, o abade restituiu o corpo santo ao santuário de onde o havia retirado; e, na presença do duque Guilherme, aí estabeleceu a disciplina monástica.([5])

As mais belas cerimónias deste tempo, e todos os faustos da criação artística, acompanham a descoberta e a trasladação das relíquias que, cercadas de lendas, vão viajando de quando em vez, visitando-se mutuamente.

Invenção do crânio de João Batista

Nesse tempo, *conta Adémar de Chabannes*, o Senhor dignou-se lançar um vivo esplendor sobre o reino do sereníssimo duque Guilherme [*da Aquitânia*]. Foi de facto no seu tempo que a cabeça de São João, fechada num cofre de pedra trabalhado em forma de pirâmide, foi descoberta na basílica de Angély pelo muito ilustre abade Audouin: diz-se que esta santa cabeça é realmente a do Batista João. Ao sabê-lo, o duque Guilherme, que regressava de Roma no fim das festas da Páscoa, encheu-se de alegria e decidiu que se exporia a santa cabeça à vista do povo. Esta cabeça estava conservada num relicário de prata, no interior do qual se leem estas palavras: «Aqui repousa a cabeça do Precursor do Senhor.» Mas quanto a saber-se por quem, em que época e de que local foi esta relíquia trazida, ou mesmo se se

---

([5]) Adémar de Chabannes, *Crónica*, III, 43.

trata verdadeiramente do Precursor do Senhor, é o que não se encontra estabelecido com muita segurança. Na história do rei Pepino, onde se podem ler os mais pequenos pormenores, não se faz menção deste acontecimento, que é, no entanto, um dos mais consideráveis; e a narração que dele se fez não deve de modo algum ser levada a sério pelas pessoas instruídas. Neste escrito fantasista conta-se, com efeito, que no tempo em que Pepino era rei da Aquitânia, um tal Félix trouxe por mar a cabeça de São João Batista de Alexandria para a Aquitânia, e que nessa altura Alexandria era governada pelo arcebispo Teófilo, que São Lucas menciona no princípio dos atos dos Apóstolos, quando diz: «Em primeiro lugar, falei de tudo, ó Teófilo...»; teria havido em seguida, em Aunis, um combate entre o rei Pepino e os Vândalos, e esta mesma cabeça, imposta pelo rei aos seus companheiros mortos, tê-los-ia imediatamente ressuscitado. Ora, Pepino nunca viveu na época de Teófilo nem no tempo dos Vândalos, e não se lê em parte nenhuma que a cabeça do Santo Precursor do Senhor alguma vez tenha estado em Alexandria. Pelo contrário, vemos em antigas lendas que a cabeça do Santo Precursor foi primeiramente descoberta por dois monges que tiveram a revelação do local onde se encontrava; depois, o imperador Teodósio transferiu-a para a cidade real de Constantinopla, e é aí que se encontra exposta à veneração dos fiéis.

Assim sendo, e para voltar ao nosso tema, quando se expôs a cabeça de São João, que acabava de ser descoberta, a Gália inteira, Itália e Espanha, comovidas com esta notícia, apressaram-se, desejosas de acorrer a este lugar. O rei Roberto e a rainha, o rei de Navarra, o duque da Gasconha, Sancho, Eudes de Champagne, os condes e os grandes, com os bispos, os abades e toda a nobreza destas regiões acorreram. Todos ofereciam presentes preciosos de todo o género; o rei de França ofereceu um prato de ouro fino pesando trinta libras e tecidos de seda e de ouro para decorar a igreja; foi recebido com honra pelo duque Guilherme, depois regressou a França por Poitiers. Jamais se havia visto algo de mais brilhante e glorioso do que esta grande afluência de clérigos e monges, cantando salmos ao transportar as relíquias dos santos, vindos de todos os lugares para honrar a memória do Santo Precursor. No decorrer destas festas, as relíquias desse grande príncipe que é o pai da Aquitânia e o primeiro fecundador da fé nas Gálias, ou seja, o bem-aventurado apóstolo Marcial, foram transferidas para o mesmo local juntamente com as relíquias de Santo Estêvão da catedral de Limoges. Enquanto tiravam as relíquias de São Marcial da sua própria basílica num cofre de ouro e de pedras preciosas, toda a Aquitânia, que durante muito tempo sofrera inundações devido às chuvas excessivas, redescobriu com alegria, à passagem de seu pai, a serenidade do seu céu. Acompanhando estas relíquias, o abade Geoffroi e o bispo Géraud, com numerosos senhores e uma imensa multidão de povo, dirigiram-se à basílica do Salvador, em Charroux. Os monges do lugar e o povo todo vieram ao seu encontro até a uma milha da cidade e, celebrando com grande pompa este dia de festa, entoando as antífonas a plenos pulmões, conduziram-nos até ao altar do Salvador. E dita a missa, acompanharam-nos do mesmo modo. Uma vez dentro da basílica do Santo Precursor, o bispo Géraud nela celebrou, diante da cabeça do Santo, a missa da Natividade de São João Batista, porque nos encontrávamos no mês de outubro. Os cónegos de Saint-Étienne cantaram, alternadamente com os monges de Saint-Martial, tropos e laudes, como é de uso nos dias de festa; e depois da missa o bispo abençoou o povo com a cabeça de São João; e assim, alegrando-se vivamente com os milagres feitos no caminho por São Marcial, todos regressaram cinco dias antes da festa de Todos os Santos. Nesta época, o santo confessor Leonardo, em Limoges, e o santo mártir Antonino, em Quercy, assinalaram-se por milagres espantosos, e de toda a parte os povos acorriam a eles.

Maravilhas

[...] Quando se transferiram as relíquias de São Cybard para o Santo Precursor, transportou-se ao mesmo tempo o bastão deste santo confessor. Este bastão pastoral é encurvado na sua extremidade superior; e durante as horas da noite até ao nascer do Sol, via-se resplandecer no céu, por cima das relíquias do santo, um bastão de fogo igualmente encurvado na sua extremidade superior; este prodígio durou até chegarem diante da cabeça de São João; e após

São Cybard ter feito milagres curando doentes, regressaram com grande alegria. Enquanto os clérigos de Saint-Pierre de Angolema se punham a caminho com as suas relíquias, os que as transportavam, revestidos das túnicas consagradas, atravessaram um rio profundo sem se molharem; era como se tivessem caminhado em terreno seco, não se viu neles, nem nas suas vestes, nem no seu calçado, qualquer vestígio de água.

No entanto, depois de a cabeça de São João ter estado exposta à vista do povo durante tempo suficiente, retiraram-na por ordem do duque Guilherme e colocaram-na na pirâmide onde primitivamente se encontrava, e no interior da qual está conservada no seu relicário de prata suspenso por cadeias do mesmo metal. A própria pirâmide é de pedra, coberta de placas de madeira inteiramente revestidas de prata proveniente daquela que o rei Sancho de Navarra ofereceu em abundância ao bem-aventurado Precursor.

E nas grandes solenidades, multidões de fiéis exaltados esmagam-se nos corredores das criptas à volta dos relicários:

A meio da Quaresma, durante as vigílias noturnas nesse mesmo santuário, como entrou uma grande multidão que se comprimiu à volta do túmulo de São Marcial, mais de cinquenta homens e mulheres pisaram-se uns aos outros e expiraram no interior da igreja; foram enterrados no dia seguinte.([6])

([6]) Adémar de Chabannes, *Crónica*, III, 56 e 49.

V
Milagres

Aos mais altos níveis da consciência religiosa pode então parecer evidente que os milagres não são necessários nem à fé nem à salvação, que o que conta é o espiritual, e que o maravilhoso nada mais é do que a espuma do eterno. Hervé, tesoureiro de Saint-Martin de Tours, mandara reconstruir a basílica para aí depositar o relicário do santo.

Conta-se que, alguns dias antes desta trasladação, Hervé pedira ao Senhor para manifestar a sua afeição por esta igreja sua esposa condescendendo, como o fizera outrora, em realizar por intermédio de São Martinho algum milagre. Quando estava entregue às suas orações, apareceu-lhe este santo confessor e, com doçura, dirigiu-lhe a palavra nestes termos:

«O que tu pedes, meu muito querido filho, sabe que é pouca coisa em comparação com o que o Senhor tem poder para te conceder; mas, de momento, os milagres que já se viram outrora deverão chegar, porque o mais urgente é guardar a colheita já semeada. Somente os bens que elevam as almas devem ser objeto das orações de todos. Para as almas, nunca te esqueças de implorar a misericórdia divina. Sabe que, pela parte que me toca, intercedo junto do Senhor em favor dos que, no presente, servem assiduamente esta igreja. Alguns deles, mais preocupados do que o devido com os assuntos deste mundo, e além do mais cumprindo a sua missão pelas armas e a guerra, pereceram degolados em combate. Não te esconderei que tive muita dificuldade em obter da clemência de Cristo que fossem arrancados às mãos dos servidores das trevas e obtivessem a sua posição nos lugares do repouso e da luz. Quanto ao resto, acaba de cumprir o teu voto, que é muito agradável ao Senhor.»

No dia fixado para a consagração, viu-se chegarem os bispos e os abades, assim como uma numerosa multidão de fiéis, homens e mulheres, clérigos e laicos; antes de começar as solenidades, o mui venerável Hervé chamou à parte os mais santos dos padres que tinham vindo e teve o cuidado de lhes comunicar a sua visão. Quando, segundo o uso, a cerimónia terminou e todos os objetos do culto foram arrumados, este santo homem começou a infligir a si mesmo as mortificações de uma vida ainda mais ascética, passando a sua vida como um solitário numa estreita cela vizinha da igreja e recitando salmos e orações. Ao fim de quatro anos pressentiu que iria em breve deixar este mundo; a sua saúde piorava de dia para dia; muitos acorreram a visitá-lo e esperavam que a sua morte fosse assinalada por algum milagre, a julgar pelo mérito que viam neste homem. Mas ele, com sagacidade, induziu-os a ocuparem-se de outra coisa e preveniu-os de que não deviam esperar ver qualquer sinal extraordinário; e, em contrapartida, exortava-os a serem mais zelosos ao rezarem por ele ao Santíssimo Senhor. Como se aproximava a hora da sua morte, com as mãos e os olhos levantados ao céu, não parava de repetir: «Piedade, Senhor! Piedade, Senhor!» E foi pronunciando estas palavras que soltou o último suspiro; foi enterrado nessa mesma igreja, no mesmo lugar em que outrora se encontrava a sepultura do bem-aventurado Martinho.([7])

Mas a fé do povo, neste tempo, alimentava-se de maravilhas. A necessidade do prodígio, do contacto físico com as forças do sobrenatural arrasta as multidões para os santuários favorecidos pela frequência de milagres e para os relicários escondidos na sombra das criptas e dos martyria. *Esta inclinação irresistível e todos os lucros que ela tornava possíveis explicam o intenso comércio de relíquias, e muitas imposturas que não enganaram todos os homens deste tempo.*

Imposturas

A autoridade divina, pela voz de Moisés, dá aos Judeus este aviso: «Se se encontrar entre vós um profeta que, falando em nome de um deus qualquer dos Gentios, predisser qualquer acontecimento futuro,

---

([7]) RAUL GLABER, *Histórias*, I, 4.

e se por acaso este acontecimento se der, não acrediteis neste homem: porque é o Senhor vosso Deus que vos tenta para ver se vós o amais ou não.» O nosso tempo fornece, num caso diferente, um exemplo equivalente. Na época que nos interessa vivia um homem do povo, bufarinheiro muito astuto, cujo nome e pátria eram, de resto, ignorados; porque mudava constantemente de residência para evitar ser reconhecido, servindo-se de nomes falsos e enganando sobre a sua região de origem. Às escondidas, exumava dos túmulos ossos vindos de defuntos recentes, colocava-os em diversos cofres e vendia-os a muita gente como relíquias de santos mártires ou confessores. Depois de ter cometido inúmeras vigarices nas Gálias, teve de fugir e chegou à região dos Alpes, onde habitam os povos estúpidos que habitualmente permanecem nas montanhas. Ali, tomou o nome de Estêvão, do mesmo modo que noutros sítios se tinha feito chamar Pedro ou João. E ainda ali, segundo seu costume, foi de noite recolher num dos locais mais comuns os ossos de um desconhecido; colocou-os num relicário e num cofre; afirmou saber, por uma revelação que lhe teriam feito os anjos, que se tratava dos restos do santo mártir chamado Justo. Em breve, o povo comportou-se como é hábito em tais casos, e todos os camponeses de espírito grosseiro acorreram ao clamor desta notícia; ficavam até desolados quando não tinham nenhuma doença cuja cura pudessem implorar. Trouxeram os enfermos, as suas pobres oferendas, esperando dia e noite algum súbito milagre. Ora, como já referimos, os espíritos malignos têm por vezes licença de os fazer. São daquelas tentações que os homens atraem a si por causa dos seus pecados. Teve-se ali um exemplo manifesto. Pois viu-se toda a espécie de membros torcidos endireitarem-se e logo depois ex-votos de todas as formas balançarem-se nos ares. Contudo, nem o bispo de Maurienne, nem o de Uzès, nem o de Grenoble, cujas dioceses serviam de teatro a semelhantes sacrilégios, fizeram qualquer diligência para investigar o caso. Preferiram manter colóquios — nos quais apenas se preocupavam em cobrar ao povo injustos tributos — e, ao mesmo tempo, favorecer este engano.

No entanto, o riquíssimo marquês Manfredo ouviu falar do assunto; enviou os seus homens para se apoderarem pela força deste ilusório objeto de culto, ordenando que lhe trouxessem o que consideravam ser um venerável mártir. Com efeito, este marquês fundara um mosteiro no burgo fortificado de Suse, o mais antigo dos Alpes, em honra de Deus Todo-Poderoso e de sua Mãe Maria sempre Virgem. Tinha a intenção, quando terminasse o edifício, de aí depositar este santo e todas as outras relíquias que ele pudesse encontrar. Em breve os trabalhos da igreja terminaram e ele fixou o dia da consagração; convidou os bispos da vizinhança, na companhia dos quais vieram o abade Guilherme de Volpiano, já tantas vezes referido, e alguns outros abades. O nosso bufarinheiro também lá se encontrava; tinha caído nas boas graças do marquês prometendo-lhe descobrir em pouco tempo relíquias ainda mais preciosas, provenientes de santos dos quais inventava enganadoramente os atos, os nomes e os pormenores dos seus martírios, como tudo o resto. Quando os mais sabedores lhe perguntavam como tinha aprendido semelhantes coisas, proclamava estridentemente coisas inverosímeis; eu próprio estava presente, vindo na comitiva do meu abade tantas vezes referido. Ele dizia:

«De noite aparece-me um anjo que me conta e me ensina tudo o que sabe que eu desejo saber; e permanece comigo muito tempo até eu o convidar a ir-se embora.»

Como a estas palavras nós respondíamos perguntando-lhe se via isso acordado ou durante o sono, acrescentou:

«Quase todas as noites, este anjo tira-me do meu leito sem a minha mulher saber; e depois de uma longa conversa deixa-me, saudando--me e abraçando-me.»

Pressentimos nestes ditos uma mentira inábil e percebemos que este homem não era um homem angélico, mas sim um servidor da fraude e da maldade.

No entanto, os prelados, ao realizar ritualmente a consagração da igreja, o que era o objetivo da sua viagem, juntaram com as outras relíquias os ossos descobertos por este sacrílego impostor, com grande regozijo de todo o povo vindo em multidão no seu séquito. Ora, isto passava-se a 16 das calendas de novembro. Fora escolhido este dia porque os partidários do embuste pretendiam que se tratava dos próprios ossos de São Justo, que sofreu o martírio nesta data na cidade de Beauvais, na Gália, e cuja cabeça foi transferida e se encontra conservada em Auxerre, onde o santo nascera e fora educado. Mas eu, que sabia ao que ele se referia, não o levei a sério. Além disso, as personagens mais distintas tinham descoberto a impostura e concordavam comigo. Ora, na noite seguinte, alguns monges e outras personalidades religiosas tiveram nesta igreja aparições monstruosas; e, do relicário que encerrava os ossos, viram sair figuras de negros retintos, que se retiraram da igreja. Mas desde então, embora muitas pessoas de bom senso abominassem este detestável embuste, isso em nada impediu a turba camponesa de venerar na pessoa deste corrompido bufarinheiro o nome de um homem injusto como se ele fosse o próprio Justo, e de continuar no seu erro. Quanto a nós, contámos esta história para que se tome cuidado com as variadas formas das fraudes diabólicas e humanas que abundam por este mundo e que têm principalmente uma predileção por essas fontes e árvores que os doentes veneram sem discernimento.([8])

Vitórias do culto das relíquias

A prática de tais crenças mostrou-se por vezes tão forte que os mais sábios se deixaram arrastar por ela. Bernardo, mestre das escolas de Angers, quando descobriu a Aquitânia, ficou primeiro que tudo profundamente chocado pelos aspetos de que se revestia, nesta região, a devoção popular às relíquias. Os primeiros relicários antropomórficos que entreviu apareceram a seus olhos como ídolos tão perniciosos como as estátuas do paganismo. Mas rapidamente também ele se sentiu cativado. É o que se conclui dos milagres de Santa Fé:

QUE É PERMITIDO, SEGUNDO UM COSTUME QUE SE NÃO PODE DESENRAIZAR NAS PESSOAS SIMPLES, ERIGIR ESTÁTUAS DE SANTOS PORQUE DISSO NÃO RESULTA NENHUM MAL PARA A RELIGIÃO, E PORQUE É UM EXEMPLO DE VINGANÇA CELESTE.

([8]) RAUL GLABER, *Histórias*, IV, 3.

Existe um hábito venerável e antigo tanto nas terras de Auvergne, Rodez e Toulouse, como nas regiões vizinhas: cada um erige ao seu santo, segundo as suas possibilidades, uma estátua de ouro, de prata ou de outro metal, na qual se encerra ou a cabeça do santo, ou qualquer outra parte venerável do seu corpo. Uma vez que esta prática parecia justamente supersticiosa às pessoas cultas — elas pensavam que assim se perpetuava um rito do culto dos antigos deuses ou antes dos demónios —, eu, ignorante, também acreditei que este era um mau costume, completamente contrário à religião cristã, quando contemplei pela primeira vez a estátua de São Géraud instalada sobre um altar. Estátua notável pelo seu ouro finíssimo, pelas suas pedras de grande valor, que reproduziam com tanta arte os traços de um rosto humano que os camponeses que a olhavam sentiam-se penetrados por um olhar clarividente e acreditavam perceber, por vezes, nos clarões dos seus olhos, o indício de um favor mais indulgente para com os seus pedidos. De seguida, sorrindo para mim mesmo do meu erro, volto-me para o meu companheiro Bernier e dirijo-lhe em latim estas palavras: «Que pensas tu, irmão, deste ídolo? Júpiter ou Marte não teriam recebido uma estátua semelhante?» Então Bernier, já avisado pelas minhas palavras, respondeu com bastante espírito, dissimulando a crítica sob o louvor. Não estava errado. Porque onde se presta ao Deus único, omnipotente e verdadeiro, um culto justo, parece nefasto e absurdo erigir estátuas em estuque, em madeira, em metal, salvo quando se trata do Senhor na cruz. A Santa Igreja católica permite que se talhe com fidelidade uma tal imagem, para manter viva a recordação da Paixão do Senhor, quer pelo cinzel, quer pelo pincel. Mas a lembrança dos santos, os olhos humanos apenas a devem contemplar nas narrações verdadeiras ou nas figuras pintadas sobre as paredes em cores escuras. Não há razão alguma para aceitar as estátuas de santos, a não ser a força de um antigo abuso e de um costume enraizado de modo inextirpável nas pessoas simples. Este abuso tem tal força nos lugares de que falei que, se então tivesse dado em voz alta a minha opinião sobre a estátua do São Géraud, talvez tivesse sido castigado como um criminoso.

    Enfim, ao terceiro dia chegámos perto de Santa Fé. Aconteceu por acaso e por sorte que, quando entrámos no mosteiro, o local retirado onde se guarda a venerável imagem estava aberto. Chegados junto dela tínhamos tão pouco espaço, devido ao grande número de fiéis prostrados, que não nos pudemos inclinar também. Fiquei aborrecido com isto e permaneci de pé a olhar a imagem. Formulo a minha oração precisamente nestes termos: «Santa Fé, tu cuja relíquia repousa neste simulacro, socorre-me no dia do Julgamento.» Neste instante, lanço de lado um olhar sorridente para o meu aluno Bernier. Na altura, eu pensava que era completamente estúpido e destituído de sentido que tantos seres dotados de razão suplicassem a um objeto mudo e sem inteligência. Mas eram palavras vãs, concepção mesquinha, que não brotavam de um coração reto: esta imagem sagrada não é consultada como um ídolo através de sacrifícios, mas é honrada em lembrança da venerável mártir em memória de Deus Omnipotente. Mas eu, desprezando-a como se ela fosse Vénus ou Diana, tratei-a como um simulacro.

E depois arrependi-me amargamente da minha estúpida conduta para com a santa de Deus. O reverendo Augier, um homem honrado e venerável, deão nessa altura (soube que depois se tornou abade) contou-me, entre outros milagres, a aventura do clérigo Ulrique. Este homem julgava-se sensivelmente mais sábio do que os outros: num dia em que éramos obrigados a transportar a santa imagem para outros lugares, ele perturbara de tal modo as almas que suspendera a procissão dos peregrinos, invectivando a santa mártir e formulando não sei que patetices sobre a sua imagem.

Na noite seguinte, enquanto repousava os seus membros vencidos pelo cansaço, julgou ver uma senhora em sonhos, uma dama revestida de uma majestade terrífica. «Então, miserável», disse ela, «como é que te atreveste a denegrir a minha imagem?» Depois destas palavras, bateu no seu inimigo com a vara que se vê na sua mão e deixou-o. Durante o resto da sua vida pôde contar esta visão para a posteridade. Não há, portanto, nenhum argumento que ponha em dúvida a veneração da estátua de Santa Fé, porque é claro e nítido que os seus detratores atacam a própria santa mártir; acrescente-se que não se trata aqui de um ídolo ímpio motivando ritos de sacrifício ou divinatórios, mas sim do piedoso memorial de uma virgem santa diante do qual os fiéis encontram mais digna e abundantemente a compunção que os faz implorar para os seus pecados a sua poderosa intercessão. É esta, talvez, a explicação mais sábia. De facto, este invólucro de santas relíquias é fabricado com a forma de uma determinada figura humana segundo o desejo do artista, mas é notável por um tesouro bem mais precioso do que outrora a Arca da Lei. Se é verdade que nesta estátua está conservada intacta a cabeça de uma tão grande mártir, é igualmente verdade que aqui se tem uma das mais belas pérolas da Jerusalém celeste. E a bondade suprema opera até, em virtude dos seus méritos, tais milagres, que não podemos encontrar o equivalente na nossa época, num outro santo, por testemunho direto ou indireto.

Por consequência, a estátua de Santa Fé nada contém em si que justifique interdição ou censura, porque, segundo parece, nenhum dos erros antigos foi renovado, os poderes dos santos não foram reduzidos, e a religião não sofreu dano algum.[9]

Milagres de Santa Fé

Por fim convencido, Bernardo aplicou então o seu talento a relatar os espantosos prodígios que as ossadas encerradas na estátua de ouro suscitavam à sua volta.

Braçais de ouro.

Acrescento agora que nunca ninguém pôde recensear todos os milagres que o Senhor se dignou operar por intermédio de Santa Fé, e um só homem não bastaria para escrever os que foram conservados na memória. Quero, portanto, acrescentar algumas palavras sobre factos já conhecidos de que me falaram para não ser acusado de mutismo por causa de uma discrição excessiva, nem de inoportunidade pela minha prolixidade. Conheço o antigo ditado: «Tudo o que é raro é precioso.» Assim, descrevo apenas um pequeno número de casos destinados à edificação do conjunto da comunidade, a fim de os

---

[9] *Miracles de saint Foy*, I, 13.

valorizar. Cristo perdoar-me-á este erro de não mencionar, voluntariamente, um grande número de milagres.

Trata-se de Arsinde, esposa do conde Guilherme de Toulouse, irmão desse Pons que foi morto à traição depois destes acontecimentos pelo seu genro Artaud. Esta mulher tinha pulseiras de ouro, ou melhor, visto que subiam até ao cotovelo, braçais magníficos maravilhosamente cinzelados e ornamentados de valiosas pedras. Uma noite em que repousava sozinha na sua nobre cama, vê em sonhos aparecer diante dela uma jovem muito bela. Enquanto admira a sua extraordinária beleza, pergunta-lhe:

«Dizei-me senhora, quem és tu?» Santa Fé com uma voz doce respondeu à sua pergunta: «Sou Santa Fé, mulher, não duvides.» Logo Arsinde com tom suplicante lhe diz: «Ó minha santa senhora, porque te dignaste então a visitar uma pecadora?» Santa Fé imediatamente deu a conhecer à sua interlocutora o motivo da sua vinda: «Dá-me», disse, «os braçais de ouro que possuis; dirige-te a Conques e deposita-os no altar do Santo Salvador. É este o motivo da minha aparição.»

A estas palavras, a mulher, sensata, não querendo deixar escapar uma tal dádiva sem compensação, acrescentou: «Ó minha santa senhora, se por tua intercessão Deus me conceder um filho, executarei com alegria o que me ordenas.»

Santa Fé respondeu-lhe: «O Criador Todo-Poderoso o fará muito facilmente pela sua serva, com a condição de não me recusares o que te peço.»

A mulher, no dia seguinte, honrando esta resposta, informou-se com zelo da região onde estava situado o burgo chamado Conques; com efeito, nesta época, salvo raras exceções, a reputação do poder especial de Conques não tinha ultrapassado o seu território. Tendo sido informada por alguns iniciados, cumpriu a promessa fazendo a peregrinação; levando os braçais de ouro com grande piedade, ofereceu-os a Deus e à sua santa. A digna mulher passou as festas da Ressurreição do Salvador neste lugar, participando nelas e reforçando a solenidade através da sua presença; depois regressou a sua casa. Logo viu realizar-se a promessa feita pela aparição e deu à luz um rapaz. De novo grávida, pariu um segundo filho. Chamou ao primogénito Raimundo, e ao segundo, Henrique.

Mais tarde os braçais foram fundidos para fabricar um retábulo.([10])

Uma vingança celeste contra pessoas que queriam roubar o vinho dos monges.

[...] O cavaleiro Hugo, que exerce o poder neste burgo, ordenou a dois servidores, depois a um terceiro, que se apoderassem do vinho dos monges armazenado na propriedade de Molières. Esta propriedade era vizinha do burgo em questão: a distância não ultrapassava duas milhas.
Estes separaram-se e, percorrendo os diferentes caminhos entre as casas da aldeia, procuravam carroças para transportar o vinho; o primeiro deles, um tal Bento, teve de tratar com um camponês ingénuo que o exortou veementemente a não levar a cabo o mal começado. Mas diz-se que ele respondeu deste modo blasfematório: «Será que Santa Fé bebe vinho? Não sejas idiota! Ignoras que aquele que não bebe vinho não sente a sua falta?» Infeliz daquele que desconhece o significado próprio das palavras e ignora que aquele que ofende os ministros dos santos lesa evidentemente os próprios santos, e que atenta não somente contra os santos, mas contra o Senhor Cristo, que sente os sofrimentos infligidos no corpo de outrém e perante o qual os santos mais não são do que membros intimamente a si ligados. Como lhe disseram que o guarda do celeiro não estava lá, vangloriou-se de abrir a tranca com a ponta do pé e disse que em parte nenhuma os batentes eram tão sólidos que não pudessem ser quebrados com um simples pontapé. Sempre falando, e sem fazer o menor esforço, abanou a parede da casa onde entrava, mostrando claramente o vigor com que ia arrombar as portas do celeiro. No entanto, ao dar pontapés pela segunda vez, o seu joelho dobrou-se, os seus nervos paralisados pelo próprio emaranhamento perderam toda a capacidade de movimento e inteiriçaram-se profundamente; com as articulações imobilizadas, tombou miseravelmente por terra. O orifício imundo alargou-se até à orelha; os excrementos

---

([10]) *Ibid.*, I, 19.

saíram do seu ventre e, espalhados de forma ignóbil, todos perceberam quanto a sua angústia era horrível e pungente. O infeliz, assim torturado por um suplício medonho, arrastou a sua miserável existência apenas por mais dois dias.([11])

Um mulo ressuscitado.

A manifestação da omnipotência divina a propósito da ressurreição de um mulo por intermédio de Santa Fé não é menos digna de louvor e de publicação. É indecoroso que uma criatura pensante se envergonhe por contar o que o Criador supremo não teve pejo em fazer. Que ninguém fique surpreendido se o Criador misericordioso dos seres velar pelas suas criaturas de todas as espécies, porque está escrito: «Senhor, socorrerás animais e gentes.» A história que vou contar é deste género.

Um cavaleiro da região de Toulouse chamado Bonfils (seu filho ainda vivo é conhecido pelo mesmo nome) vinha até ao local consagrado à Santa, quando, a cerca de duas milhas do burgo de Conques, a sua montada, ferida não sei como, caiu morta. Trouxe dois camponeses a quem pediu que esfolassem o animal. Quanto a ele, que tinha feito a viagem por amor da Santa, continuou até ao Santuário: aí lançando-se ao chão, fez as suas orações e expôs os seus pedidos. No fim, lamentou-se diante da estátua dourada da santa mártir da perda do seu mulo. Porque se tratava precisamente de um mulo notável, quase incomparável, e fora enquanto ele se entregava às obras piedosas que o Inimigo, vitorioso, lhe causara este prejuízo. A solidez desta fé merece ser exaltada bem alto; porque quando o homem terminou a sua oração, o mulo, libertando-se dos dois camponeses que o seguravam pelas patas para o esfolar, ergueu-se, oh!, milagre, num salto cheio de vida, e galopando através das colinas na peugada dos seus companheiros de viagem, apareceu no burgo.

[...] Há algum tempo, um grupo de Angevinos partiu em viagem para se entregar às suas devoções nessa célebre e povoada cidade cujo antigo nome está quase esquecido (salvo erro, era Anicium),

---

([11]) *Ibid.*, I, 4.

mas o povo dá-lhe o nome de «Notre-Dame-du-Puy». Aí, as pessoas de que falamos encontraram um indivíduo ímpio e herético que declarava viver perto de Conques. Quando soube que estava a lidar com Angevinos, disse-lhes: «Conheceis um tal Bernardo, que, tendo vindo este ano a Conques, aí deixou não sei quantos falso escritos sobre Santa Fé? Através de que raciocínios se poderá alguma vez acreditar em histórias de olhos arrancados depois colocados no lugar, ou de animais ressuscitados? Ouvi de facto atribuir a Santa Fé, como aos outros santos, outros prodígios — e mesmo alguns extraordinários. Mas por que razão, que necessidade teria Deus de ressuscitar animais? Quando se tem bom senso não se pode nem se deve resolver tais enigmas.»

Quão cego e insensato é um tal homem! Aquele que transforma em trevas a luz recebida, que, mísero, mantém intacto, após as águas do batismo, o homem velho saído do seio materno — intacto sim, mas bem pior ainda após a regeneração do Espírito — tem um coração de pedra. Se este homem tivesse vivido no tempo da Paixão do Senhor, teria certamente negado com os judeus a ressurreição de Lázaro, ou a cura da orelha cortada. Sim, este homem mostrou-se filho do Diabo, inimigo da verdade, servidor do Anticristo.([12])

Milagres de São Bento

São Bento não age de modo diferente do de Santa Fé contra aqueles que ofendem os seus direitos:

Na região da Borgonha, no território de Troyes, havia uma propriedade chamada Taury pertencente a São Bento, que um «procurador» [*senhor que assumia a guarda de uma propriedade eclesiástica*] chamado Geoffroy defendia das pessoas estranhas, mas que ele próprio saqueava com mais violência que qualquer outro estrangeiro. Os monges exortavam-no muitas vezes a abster-se de tais delitos, mas ele não fazia caso. O santo padre Bento obteve então de Deus

---

([12]) *Ibid.*, I, 3 e 7.

que este homem fosse ferido pelo chicote do castigo antes que as terras ficassem reduzidas a nada por causa da sua maldade. Um dia em que ele estava em sua casa, no interior da dita cidade de Troyes, exercendo justiça sobre os camponeses, um cão negro, cheio de raiva, aproximou-se e, sem tocar em mais ninguém da assistência, atirou-se a ele, despedaçou-lhe o nariz e a cara com as suas mordeduras e afastou-se. Tendo enlouquecido, o procurador foi levado por alguns amigos para a basílica de Saint-Denis; recobrou um pouco, mas não totalmente, os seus sentidos e voltou para casa. Como aos males que infligia aos pobres de São Bento se vinham juntar outros ainda piores, foi agarrado por um demónio, agrilhoado e fechado num pequeno quarto onde exalou o último suspiro. Todos os que o conheciam disseram que ele tinha tido este destino devido à sua crueldade para com os camponeses do precioso confessor Bento.([13])

Visto que o universo constitui um todo coerente, porque contém uma imensa parte invisível e porque reflexos, sinais, apelos, vindos dessas províncias misteriosas, ressoam no seio das aparências sensíveis, cabe aos homens da Igreja, que têm por missão a mediação entre o sagrado e o profano, perscrutar atentamente todos estes avisos. São, sem dúvida, primeiro que tudo sensíveis à ordem que rege todo o mundo criado, e para eles a história, normalmente, segue um curso regular como o é o dos astros, estável como deveria ser o poder imperial. Todavia, é evidente que esta ordem é por vezes alterada, que há perturbações que se manifestam na água, no ar, na terra ou no fogo, ou nos humores do homem, que a trajetória de um cometa vem cortar os círculos concêntricos em que se movem as estrelas, e que a guerra rompe muitas vezes o equilíbrio político. Tais acontecimentos revelam, à superfície das aparências, os conflitos, as secretas agitações de que, nas suas profundezas, o mundo invisível é o palco. E a perturbação de que dão testemunho é a do próprio Deus. Quer dizer que concernem diretamente a cada homem e à sua salvação. Eis a razão pela qual os escritores do Ano Mil, acostumados à exegese, instruídos para apreciar, pelo estudo da gramática

---

([13]) *Miracles de saint Benoît*, III, 13.

e da música, harmonias e correspondências, e que estavam na sua totalidade persuadidos da coesão cósmica e viviam na espera do fim dos tempos, se aplicaram a anotar o insólito e a dar-lhe um sentido. Eis a razão pela qual a sua narrativa toma a forma de um tecido de prodígios.

QUARTA PARTE

Os prodígios do milénio

I
Os sinais no céu

As narrativas dos antigos historiadores, cujo texto serve para o estudo da gramática, habituaram a achar natural que a morte dos heróis, ou seja, dos santos, do imperador e dos reis, fosse acompanhada por um cortejo de fenómenos invulgares. Parece, portanto, perfeitamente normal que, em memória de Cristo, o tempo do milénio seja o dos maiores prodígios. A ordem do mundo manifesta-se então agitada por perturbações diversas mas que se ligam umas às outras. Não que elas se encadeiem por uma série de relações causais. Elas correspondem-se, são irmãs: todas procedem de um mesmo profundíssimo mal-estar.

Cometas

A desordem é, primeiro que tudo, cósmica. Os analistas sempre haviam anotado com cuidado os meteoros. Raul Glaber e Adémar de Chabannes dão grande importância ao cometa de 1014, e ligam a este sinal de fogo os incêndios que deflagraram conjuntamente.

Durante o reinado do rei Roberto apareceu no céu, do lado ocidente, uma dessas estrelas a que se chama cometas; o fenómeno começou no mês de setembro, numa tarde ao cair da noite, e durou cerca de três meses. Brilhando com vivíssimo clarão, encheu com a sua luz uma vasta porção do céu e desapareceu por altura do canto do galo. Quanto a saber se era uma nova estrela que Deus enviava ou uma estrela de que simplesmente multiplicara o brilho como sinal miraculoso, isso só pertence Àquele que na sua sabedoria regula todas as coisas melhor do que poderíamos dizer. Contudo, o que é certo é que, de cada vez que os homens veem produzir-se no mundo um prodígio desta espécie, pouco depois abate-se visivelmente sobre eles alguma coisa de espantoso e de terrível. Com efeito, em breve aconteceu que um incêndio destruiu a igreja de Saint-Michel-Archange, que se erige sobre um rochedo à beira do mar Oceano, e que até ao presente era objeto da veneração do mundo inteiro.([1])

Nesta época, um cometa com a forma de um gládio, mas mais largo e mais comprido, apareceu na zona do setentrião durante várias noites de verão; e houve na Gália e em Itália muitas cidades, castelos e mosteiros destruídos pelo fogo, entre os quais Charroux, que, com a basílica do Salvador, foi vítima das chamas. Também a igreja da Santa Cruz de Orleães, o mosteiro de Saint-Benoît de Fleury e muitos outros santuários foram devorados pelo fogo.([2])

Eclipses

No próprio ano do milénio da Paixão, a 29 de junho de 1033, deu-se um eclipse do Sol, de que também falam Sigeberto de Gembloux e os Anais de Benevento, que o descrevem como sendo «muito tenebroso».

No mesmo ano, o milésimo depois da Paixão do Senhor, no terceiro dia das calendas de julho, uma sexta-feira vigésimo oitavo

---

([1]) Raul Glaber, *Histórias*, III, 3.
([2]) Adémar de Chabannes, *Crónica*, III, 58.

dia da Lua, produziu-se um eclipse ou obscurecimento do Sol que durou desde a sexta hora desse dia até à oitava e foi verdadeiramente terrível. O Sol tomou a cor da safira, e tinha na sua parte superior a imagem da Lua no seu primeiro quarto. Os homens, olhando-se entre si, viam-se pálidos como mortos. Todas as coisas pareciam banhadas num vapor cor de açafrão. Então um assombro e um terror imensos apoderaram-se do coração dos homens. Este espectáculo, sabiam-no bem, pressagiava que algum lamentável flagelo se iria abater sobre o género humano. E de facto, no mesmo dia, que era o do nascimento dos apóstolos, na igreja de Saint-Pierre, alguns conjurados da nobreza romana rebelaram-se contra o papa de Roma, quiseram matá-lo, não o conseguiram, mas expulsaram-no ainda assim do seu trono [...].

Além disso, viu-se então por toda a parte, quer nos assuntos eclesiásticos, quer nos laicos, cometerem-se muitos crimes contra o direito e a justiça. Uma ganância desenfreada explicava que não se encontrasse quase em ninguém essa fé para com os outros que é o fundamento e o sustentáculo da boa conduta. E para que fosse bem evidente que os pecados da terra ressoavam nos céus: «o sangue cobriu o sangue», como bradou o profeta perante as contínuas iniquidades do seu povo. Com efeito, desde então, em quase todas as ordens da sociedade, a insolência aumentou, a severidade e as regras da justiça atenuaram o seu rigor, de modo que se pôde aplicar com bastante exatidão à nossa geração a palavra do apóstolo: «Ouve-se falar entre vós de delitos desconhecidos entre os povos.» Uma avidez despudorada invadia o coração humano, e a fé enfraquecia em nós. Daí nasciam as pilhagens e os incestos, os conflitos de cegas ambições, os roubos e os infames adultérios. Ai de mim! Todos tinham horror de confessar o que pensavam de si próprios. E, apesar disso, nenhum se corrigia do seu funesto costume de praticar o mal.([3])

([3]) RAUL GLABER, *Histórias*, IV, 9.

Combates das estrelas

Aconteceu mesmo, tal como observou Adémar de Chabannes em 1023, que as estrelas combatessem entre elas como o faziam na mesma altura os poderes da terra.

Por esses dias, no mês de janeiro, pela hora sexta, deu-se um eclipse do Sol de uma hora; na mesma altura, a Lua sofreu também frequentes perturbações, ficando ora cor de sangue, ora azul sombrio, ora desaparecendo. Viu-se também, na parte austral do céu, no signo de Leão, duas estrelas que se combateram durante todo o outono; a maior e mais luminosa vinha do Oriente, a mais pequena do Ocidente. A mais pequena corria como que furiosa e aterrorizada até à maior que, não lhe permitindo de modo algum que se aproximasse, lhe batia com a sua crina de raios e a repelia para longe, em direção ao Ocidente.

No tempo que se seguiu morreu o papa Bento, ao qual sucedeu João. Basílio, imperador dos Gregos, morreu, e o seu irmão Constantino tornou-se imperador no seu lugar. Herberto, arcebispo de Colónia, abandonou a vida humana, ilustrando-se depois por vários milagres. O imperador Henrique morreu por sua vez, sem deixar filhos, e legou as insígnias imperiais a seu irmão Bruno, bispo de Augsburgo, e ao arcebispo de Colónia, assim como ao de Mayence, para que elegessem depois dele um imperador. Os bispos reuniram uma assembleia com o reino todo e ordenaram litanias e jejuns para invocar os favores do Senhor neste assunto. Os povos elegeram Conrado, sobrinho do defunto imperador Henrique. Os bispos, mais inspirados, escolheram um outro Conrado, esposo de uma sobrinha de Henrique, porque tinha um carácter enérgico e um juízo muito reto. Ordenaram-no rei, ungiram-no em Mayence, e entregaram-lhe o ceptro, a coroa e a lança de São Maurício. Perto da Páscoa, o príncipe marchou sobre Roma com um grande exército; os cidadãos romanos recusaram-lhe a entrada; vendo que não conseguiria entrar sem massacrar um grande número de homens, o imperador Conrado não quis manchar de sangue humano a festa da Páscoa e, por isso, manteve-se em Ravena. Foi aí que o senhor papa lhe levou a coroa imperial e, no dia de

Páscoa, coroou-o por suas mãos imperador dos Romanos. No ano seguinte, nesse mesmo dia de Páscoa, o senhor imperador consagrou seu filho em Aix-la-Chapelle. Este rei sagrado era então muito jovem e chamava-se Henrique. À cerimónia assistiram bispos vindos tanto de Itália como da Gália. Deste modo, Conrado assumiu o Império por consenso do papa de Roma e de todos os bispos e grandes do reino, que o viam munido da balança da justiça. No entanto, esse Conrado mais jovem, eleito pelos sufrágios da cegueira popular, iniciou contra ele a guerra civil; mas o imperador conseguiu apanhá-lo vivo e reteve-o na prisão tanto tempo quanto julgou necessário. Foram estes os acontecimentos que tinham sido anunciados nos astros pelo sinal da grande e da pequena estrela.([4])

([4]) ADÉMAR DE CHABANNES, *Crónica*, III, 62.

II
Desordens biológicas

Monstros

A perturbação reflete-se nos seres vivos e manifesta-se pelo aparecimento de monstros, que também anunciam discórdias.

No quarto ano do milénio viu-se uma baleia de um tamanho surpreendente furando as ondas no lugar chamado Berneval, indo das regiões do Setentrião para as do Ocidente. Apareceu numa manhã de novembro, pela aurora, semelhante a uma ilha, e foi vista a continuar o seu caminho até à terceira hora do dia, espalhando o espanto e a admiração no espírito dos espectadores. Depois da aparição deste presságio marítimo, começou de súbito o tumulto da guerra em todo o mundo ocidental, simultaneamente nas regiões da Gália e nas ilhas do além-mar, as dos Anglos, dos Bretões e dos Escoceses. Como acontece tantas vezes, foram os malefícios do povo miúdo que mergulharam na discórdia os reis e os outros senhores; na sua cólera começaram então por devastar as populações, acabando finalmente por se matarem entre si.

Epidemias

Mas a compleição do homem, esse microcosmo, encontra-se por sua vez sujeita à desordem. O género humano é, em primeiro lugar, atingido na sua estrutura corporal. Sabemos muito bem que as epidemias e as fomes eram fenómenos naturais numa cultura material de um nível muito primitivo e entre populações que sofriam de tão completa miséria. No entanto, os contemporâneos viram prodígios nestas calamidades, sinais entre muitos outros, e a eles associados, da desordem geral a que se abandonava o universo.
Em 1045 na França do Norte, os príncipes, e entre eles o rei de França, não tinham respeitado a paz:

Um julgamento secreto do Senhor fez cair sobre os povos a vingança divina. Um fogo mortal começou a devorar muitas vítimas, tanto entre os grandes como nas classes médias e inferiores do povo; poupou alguns, amputados de alguns membros, para exemplo das gerações seguintes. Ao mesmo tempo, a população de quase todo o mundo suportou uma carestia resultante da raridade do vinho e do trigo.

Já no ano de 997, atingidos por uma epidemia semelhante, o mal dos ardentes, os povos apenas haviam encontrado um apoio, o dos poderes sobrenaturais encerrados nos relicários.

Nesta época desenvolvia-se entre os homens um flagelo terrível, um fogo escondido que, quando atacava um membro, consumia-o e destacava-o do corpo; a maioria, no espaço de uma noite, era completamente devorada por esta terrível combustão. Encontrou-se na memória de numerosos santos o remédio para esta aterradora peste; as multidões acorreram sobretudo às igrejas de três santos confessores, Martinho de Tours, Ulrique de Bayeux, enfim o nosso venerável pai Maïeul [*de Cluny*]; e encontrou-se pelas boas ações a cura desejada.[5]

Nesse tempo, o mal dos ardentes deflagrou entre os Limusinos. Um fogo invisível consumiu o corpo de um número incalculável de homens e de mulheres e por todos os lados os queixumes enchiam a terra. Então Geoffroi, abade de Saint-Martial, que sucedera a Guigue, e o bispo Audouin concertaram-se com o duque Guilherme e ordenaram aos Limusinos um jejum de três dias. Todos os bispos da Aquitânia se reuniram em Limoges; de todos os lados foram para aí solenemente transportados os corpos e as relíquias dos santos; o corpo de São Marcial, patrono da Gália, foi retirado do seu sepulcro; toda a gente se encheu de uma alegria imensa, e por toda a parte o mal parou por completo as suas destruições; e o duque e os grandes concluíram em conjunto um pacto de paz e de justiça.[6]

---

[5] Raul Glaber, *Histórias*, II, 2, V, 1 e II, 7.
[6] Adémar de Chabannes, *Crónica*, III, 35.

Fomes

O próprio Raul Glaber pôde observar em 1033 a fome que devastou a Borgonha; a descrição que dela dá é justamente célebre.

Na época seguinte, a fome começou a fazer estragos por toda a terra e temeu-se o desaparecimento quase completo do género humano. As condições atmosféricas tornaram-se tão desfavoráveis que não havia tempo propício para qualquer sementeira, e não houve possibilidade de fazer as colheitas sobretudo por causa das inundações. Poder-se-ia dizer, na verdade, que os elementos hostis se guerreavam; e não é duvidoso que exercessem vingança sobre a insubordinação dos homens. Chuvas contínuas embeberam a terra inteira a ponto de durante três anos não se poder abrir sulcos capazes de receber sementes. No tempo das colheitas, as ervas e o triste joio cobriam a superfície toda dos campos. Um moio de semente, nos locais onde mais rendia, dava na colheita um sesteiro, e o próprio sesteiro mal produzia um punhado. Esta esterilidade vingadora havia nascido nas regiões do Oriente; devastou a Grécia, chegou a Itália e foi daí propagada à Gália, atravessou o país e atingiu as tribos dos Ingleses. Como a falta de alimentos atingia a população toda, os grandes e os da classe média tornaram-se parcos com os pobres; as pilhagens dos poderosos tiveram de parar perante a miséria universal. Se por acaso se encontrava à venda algum alimento, o vendedor podia pedir o seu justo preço ou exigir mais. Em muitos lugares, um moio vendia-se por sessenta soldos e um sesteiro por quinze soldos. Todavia, quando acabaram de comer os animais selvagens e as aves, os homens começaram, sob o domínio de uma fome devoradora, a apanhar para comer toda a espécie de cadáveres e de coisas horríveis de contar. Alguns recorreram, para escapar à morte, às raízes das florestas e às ervas dos rios; mas em vão: o único recurso contra a vingança de Deus era a meditação. Enfim, o horror aparece na narrativa das perversões que reinaram então no género humano. Ai de mim! Coisa raramente ouvida no decorrer dos tempos, uma fome enraivecida levou os homens a devorar carne humana. Alguns viajantes eram raptados por homens mais robustos do que eles, os seus membros cortados, cozidos ao lume e devorados. Muitas pessoas que se dirigiam de um lugar para outro para fugir à fome, e que no caminho tinham encontrado hospitalidade, foram durante a noite assassinadas e serviram de alimento aos que as haviam acolhido. Muitos, mostrando um fruto ou um ovo a crianças, atraíam-nas a lugares afastados, massacravam-nas e devoravam-nas. Os corpos dos mortos foram em muitos lugares arrancados à terra e serviram igualmente para acalmar a fome. Esta raiva insensata tomou proporções tais que os animais que permaneciam sós eram menos ameaçados pelos assaltantes do que os homens. Como se já fosse hábito comer carne humana, houve alguém que a trouxe cozida para a vender no mercado de Tournus, como teria feito com a carne de qualquer animal. Preso, não negou de modo algum o seu vergonhoso crime; foi amarrado e lançado às chamas. Outro foi de noite desenterrar aquela carne que havia sido enterrada no solo, comeu-a e foi, por sua vez, queimado de igual modo.

Existe uma igreja, a cerca de 3 milhas de distância da cidade de Mâcon, situada na floresta de Châtenet, solitária e sem paróquia, dedicada a São João; perto desta igreja, um homem selvagem tinha instalado a sua cabana; ele matava todos os que passavam por ali ou que se dirigiam a sua casa e servia-os nas suas abomináveis refeições. Ora, aconteceu um dia que um homem veio com sua mulher pedir-lhe hospitalidade, para ter em casa dele algum repouso. Mas, ao olhar para todos os cantos da cabana, viu cabeças cortadas de homens, mulheres e crianças. Imediatamente empalideceu, procurando sair; mas o nefasto ocupante da cabana opôs-se e obrigou-o a ficar. Aterrorizado com esta ratoeira mortal, o nosso homem conseguiu, no entanto, fugir e alcançar apressadamente a cidade com a sua mulher. Logo que chegou, contou o que tinha visto ao conde Otão e aos outros cidadãos. Enviaram logo vários homens para verificar se era verdade; partiram à pressa e encontraram o sanguinário indivíduo na sua cabana com as cabeças de quarenta e oito vítimas, cuja carne já tinha sido devorada pela sua goela bestial. Conduziram-no à cidade, onde foi atado a um poste numa quinta e depois, como vi com os meus próprios olhos, queimaram-no.

Fez-se então na mesma região uma experiência que não tinha ainda sido, que eu saiba, tentada em parte nenhuma. Muitas pessoas tiravam do solo uma terra branca que se assemelha à argila, misturavam-na ao que tinham de farinha ou de farelo, e desta mistura faziam pães graças aos quais contavam não morrer de fome; isto proporcionava a esperança de sobreviver, mas nenhum reconforto real. Só se viam faces pálidas e macilentas; muitos tinham a pele distendida por inchaços do ventre; a própria voz humana tinha-se tornado aguda, semelhante a pequenos gritos de aves moribundas. Os cadáveres dos mortos, abandonados aqui e ali sem sepulturas por serem em grande quantidade, serviam de pasto aos lobos, que continuaram durante muito tempo a procurar vítimas entre os homens. E como não se podia, dizia eu, enterrar cada um individualmente por causa do grande número de mortos, em certos lugares os homens tementes a Deus cavaram aquilo a que comummente se chama ossários, nos quais os corpos dos defuntos eram lançados aos quinhentos e mais, desde que houvesse lugar, misturados, em desordem, seminus, ou mesmo sem qualquer veste; as encruzilhadas, as bermas dos campos também serviam de cemitérios. Alguns ouviam dizer que fariam melhor em mudar-se para outras regiões, mas eram numerosos aqueles que pereciam de inanição no caminho.

O mundo, para castigo dos pecados dos homens, foi vítima deste flagelo de penitência durante três anos. Retiraram-se então, para serem vendidos em proveito dos indigentes, os ornamentos das igrejas; dispersaram-se os tesouros que, como se vê nos decretos dos padres, tinham outrora sido constituídos para este efeito. Mas havia ainda muitos crimes a vingar; e o número dos indigentes excedeu o mais das vezes as possibilidades dos tesouros das igrejas. Havia esfomeados tão profundamente minados pela falta de alimentação que, se por acaso encontravam alguma coisa para comer, inchavam e morriam de imediato. Outros, crispando as mãos sobre os alimentos, procuravam levá-los à boca, mas desistiam desencorajados, sem ter força para realizar o que desejavam, Quanta dor, quantas aflições, quantos soluços, queixas, lágrimas para os que viam tais coisas, sobretudo entre as pessoas da Igreja, bispos e abades, monges e monjas, e em geral, entre todos aqueles, homens e mulheres, clérigos e laicos, que tinham no coração o temor a Deus! As palavras escritas não podem dar uma ideia de tudo isto. Acreditava-se que a ordem das estações e dos elementos, que havia reinado desde o começo dos séculos passados, havia regressado para sempre ao caos, e que era o fim do género humano. E, coisa mais bem feita do que tudo o resto para inspirar um espanto horrorizado, sob este misterioso flagelo da vingança divina era bem raro encontrar pessoas que, diante de tais coisas, com o coração arrependido, numa postura humilhada, soubessem elevar como deviam as suas almas e as suas mãos a Deus para chamá-lo em seu socorro. Então o nosso tempo viu realizar-se a palavra de Isaías, que dizia: «O povo não se voltou para aquele que o castigava.» Com efeito, havia nos homens como que uma dureza de coração, acompanhada de um embrutecimento do espírito. E é o juiz supremo, é o autor da bondade que dá o desejo de o invocar, aquele que sabe quando deve ter piedade.

III
A perturbação espiritual: a simonia

Enfim, perturbações mais severas, e constituindo um sintoma ainda mais expressivo da desordem, vieram abalar a cristandade, desta vez já não no seu corpo, mas na sua alma. Tais perversões da reta verdade apareceram de facto, aos olhos dos historiadores do tempo, como os prodígios mais poderosos do milénio. A começar pela simonia, peste da Igreja: o amor das riquezas que se apoderava abertamente dos servidores de Deus (e que Raul Glaber denunciava com redobrado vigor por ser monge e de obediência cluniacense) não seria também o sinal — e ao mesmo tempo a causa (mas a inteligência deste tempo distinguia mal as relações de causalidade e as relações entre significado e significante) — de perigos muito próximos?

À luz dos ensinamentos da palavra sagrada, vê-se claramente que no decorrer dos novos dias o enfraquecimento da caridade no coração dos homens e o aumento da iniquidade vão tornar eminentes tempos perigosos para as almas. Numerosas passagens dos padres antigos mostram-nos como, através de uma ganância crescente, os direitos e as ordens das religiões passadas encontraram, exatamente naquilo que os deveria ajudar a elevarem-se a uma dignidade superior, as causas da sua queda na corrupção [...].
Começamos deste modo porque, estando quase todos os príncipes desde há muito cegos pelas vãs riquezas, esta peste propagou-se entre todos os prelados das igrejas disseminadas pelo mundo. Como se fosse para tornar mais certa a sua danação, converteram o dom gratuito e venerável do Cristo Senhor Todo-Poderoso num tráfico de ganância. Tais prelados parecem pouco capazes de realizar a obra divina, especialmente se tivermos em conta que não acederam às suas funções passando pela porta principal. E por mais que a audácia de tais pessoas tenha sido desacreditada por muitos textos das Sagradas Escrituras, o certo é que nos nossos dias ela cresce mais do que nunca nas diversas ordens da Igreja. Mesmo os reis, que deveriam ser os

juízes da capacidade dos candidatos aos lugares sagrados, corrompidos pelos presentes que lhes são prodigalizados, preferem, para governar as igrejas e as almas, aqueles de quem esperam receber os mais ricos presentes. E se todos os desordeiros, todos aqueles que uma vaidade empolada incha, são os primeiros a introduzir-se em qualquer prelatura e não receiam, em seguida, negligenciar o seu ofício pastoral, é porque a sua convicção se liga aos cofres onde encerram o seu dinheiro, e não a esses dons que a sabedoria traz consigo; obtido o poder, entregam-se tanto mais assiduamente à ganância quanto devem a este vício o coroamento das suas ambições; servem-no como um ídolo; colocam-no no lugar de Deus; instruídos por ele, precipitaram-se para grandes honras sem poderem invocar méritos ou serviços prestados; e outros, menos hábeis, concebem o desejo enganador de imitá-los, o que engendra ódios recíprocos e tenazes. Porque, nestes casos, tudo o que um consegue obter com grande luta parece ao outro, que o inveja, roubado à sua custa; e como sempre acontece aos invejosos, a felicidade dos outros enche-os de incessantes tormentos. Daí nascem os tumultos perpétuos das contestações, daí provêm contínuos escândalos e, à força de serem transgredidas, as regras fundamentais das diversas ordens periclitam.

De facto, em França, onde a decomposição feudal estava mais adiantada do que em qualquer outro sítio, o enfraquecimento progressivo da autoridade real permitia que, pouco a pouco, os senhores privados dispusessem do padroado do santuário e escolhessem os mais altos dignitários da Igreja. Raul Glaber vê claramente as consequências disso; a intervenção do dinheiro na designação dos guias espirituais e dos ministros do invisível provoca a fraqueza moral de todo o povo de Deus; suscita, por consequência, a irritação divina, e atrai sobre o mundo terreno o cortejo das calamidades vingadoras.

Deste modo, espalhando a impiedade os seus danos por entre o clero, veem-se as tentações do orgulho e da incontinência influenciarem cada vez mais o povo. Em breve, os embustes, as fraudes, os homicídios apoderam-se de quase todos e arrastam-nos para a morte. E como os olhos da fé católica, ou seja, os prelados da Igreja, estão turvos por uma culpável cegueira, o povo, abandonado na ignorância das vias da sua salvação, cai na ruína e na perdição. Por justa punição, os prelados viram-se maltratados por quem lhes deveria obedecer e experimentaram a insubmissão daqueles que, seguindo o seu exemplo, se tinham afastado dos caminhos da justiça. E não nos espantemos se, nestas angústias, os seus gritos não foram ouvidos; eles mesmos, pelos excessos da sua ganância, fecharam a si próprios as portas da misericórdia. No entanto, todos sabemos que em punição de tais crimes se deve, as mais das vezes, esperar por calamidades públicas que fustigam os povos e todos os seres vivos, e mesmo por epidemias que atingem os frutos da terra, quer dizer, por intempéries da atmosfera. Assim, aqueles que deveriam assistir o rebanho de Deus Omnipotente, confiado aos seus cuidados no seu caminho para a salvação, eram os que criavam obstáculos aos benefícios habituais do Senhor. É que, com efeito, cada vez que a piedade dos bispos começa a faltar e que enfraquece o rigor da regra nos abades, logo a disciplina cede nos mosteiros, e a seu exemplo, todo o resto do povo se torna infiel a Deus. Não é então que todo o género humano simultaneamente regressa por vontade própria ao antigo caos e ao abismo da sua perdição? É certo que a espera deste acontecimento inspirara desde há muito ao antigo Leviatã a certeza de que a cheia do rio Jordão chegaria um dia até aos seus lábios, quando a multidão dos batizados, pelas seduções da ganância, abandonasse os caminhos da verdade e se precipitasse na morte. E como bem se depreende do testemunho autorizado dos apóstolos, foi o enfraquecimento da caridade, foi o crescimento da iniquidade no coração dos homens loucamente apaixonados por si próprios, que provocaram a frequência insólita dos males que nós relatamos por volta do milésimo ano depois do nascimento do Salvador nosso Senhor e, em seguida, em todas as partes do mundo.

IV
A inquietação herética

Tal como as pestes e as fomes, as primeiras agitações da heresia parecem-nos neste tempo naturais entre um povo desprovido e infinitamente pobre, mas que começava a sair de uma completa selvajaria e que alcançava, nas suas elites religiosas, suficiente vigor intelectual para se interrogar sobre as suas crenças. No entanto, para todos os historiadores de então, estas primeiras inquietações libertadoras assemelhavam-se aos tumultos do cosmos. E, de entre os sinais anunciadores do fim dos tempos, a vinda dos falsos profetas não tinha sido já vaticinada pela Escritura?

«Na aldeia de Vertus»

Por volta do fim do Ano Mil vivia na Gália, na aldeia de Vertus, no condado de Châlons, um homem do povo chamado Leutard que, como prova o desfecho do processo, pode ser considerado um enviado de Satanás; a sua audaciosa loucura nasceu do seguinte modo: encontrava-se um dia sozinho num campo, ocupado com qualquer trabalho de cultivo. A fadiga adormeceu-o, e pareceu-lhe que um grande enxame de abelhas penetrava no seu corpo pela sua secreta saída natural; depois saía-lhe da boca num enorme zumbido e atormentava-o com inúmeras ferroadas. Após ter sido torturado durante muito tempo pelos seus ferrões, julgou ouvir as abelhas falar e ordenar-lhe que fizesse coisas impossíveis aos homens. Por fim, esgotado, levantou-se, dirigiu-se a casa, expulsou a mulher e pretendeu divorciar-se em virtude dos preceitos evangélicos. Depois saiu como se fosse para ir rezar, entrou na igreja, arrancou a cruz e quebrou a imagem do Salvador. Ao verem isto, todos se encheram de terror e julgaram, com razão, que ele estava louco; mas ele conseguiu persuadi-los, em virtude de os camponeses serem de fraco entendimento, que apenas havia agido na fé de uma espantosa revelação de Deus. Manifestava-se em numerosos discursos vazios de utilidade como de verdade, e tentando aparecer como um doutor, fazia esquecer a doutrina dos mestres. Pagar o dízimo era idiota, dizia. E enquanto as outras heresias, para mais seguramente enganar, se cobrem com o manto das Sagradas Escrituras às quais são contrárias, este declarava que, nas narrativas dos profetas, umas são úteis, outras não merecem nenhum crédito. Todavia, a sua enganadora fama de homem cheio de senso e de religião fê-lo cativar em pouco tempo uma considerável porção do povo. Vendo isto, o sábio Jéboin, o velho bispo da diocese de que dependia o nosso homem, ordenou que lho levassem. Interrogou-o sobre tudo o que contavam da sua linguagem e da sua conduta; o outro tentou dissimular a sua venenosa infâmia, tentando invocar em seu benefício os testemunhos das Sagradas Escrituras, se bem que nunca as tivesse aprendido. O sagaz bispo considerou que esta defesa não era convincente e que o caso era tão condenável como vergonhoso; mostrando como a loucura deste homem o havia conduzido à heresia, despertou o povo em parte enganado e restituiu-o na sua totalidade à fé católica. Leutard, vendo-se vencido e despojado das suas ambições demagógicas, matou-se, afogando-se num poço.([7])

Opondo-se à riqueza da igreja (incitando a não se continuar a pagar o dízimo), quebrando os crucifixos, porque mostrar o corpo de Deus morto na cruz parecia-lhe atentar contra a transcendência do Todo-Poderoso, abandonando sua mulher para viver em castidade, este «louco» — que, se bem que saído do «povo», era instruído e pertencia, portanto, à ordem eclesiástica — manifestava exigências espirituais curiosamente próximas daquelas que viriam a desenvolver-se muito mais tarde no movimento cátaro. Não estava, seguramente, muito afastado dos «maniqueus» cuja presença se faz sentir, aqui e ali, duas décadas mais tarde.

Pouco depois de 1017 surgiram, na Aquitânia, maniqueus que corromperam o povo. Negavam o santo batismo, a cruz, tudo o que constitui a santa doutrina. Abstendo-se de certos alimentos,

---

([7]) RAUL GLABER, *Histórias*, IV, 4, 5, II, 7, II, 11.

assemelhavam-se a monges e simulavam a castidade; mas entre eles entregavam-se a todos os deboches. Eram os mensageiros do Anticristo e fizeram sair muitos homens da órbita da fé.

Heresia, mesmo em Orleães

Adémar de Chabannes, que relaciona nitidamente esta pestilência com os prelúdios desastrosos da Parúsia, fala ainda do assunto mais grave e também mais escandaloso por ter rebentado em Orleães. (Esta cidade [*diz Raul Glaber*] era, antigamente como hoje, a principal residência dos reis de França, por causa da sua beleza, da sua numerosa população, e também pela fertilidade do seu solo e a pureza das águas do rio que a banha.)

Nesta época, dez dos cónegos da Santa Cruz de Orleães, que pareciam mais piedosos do que os outros, tornaram-se maniqueus convictos. O rei Roberto, perante a sua recusa de se restabelecerem na fé, despojou-os primeiramente da sua dignidade sacerdotal, depois expulsou-os da Igreja, e por fim entregou-os às chamas. Estes infelizes tinham sido desencaminhados por um camponês do Périgord que se dizia capaz de sortilégios e trazia consigo um pó fabricado com cadáveres de crianças, por meio do qual todos aqueles de quem se aproximava se tornavam maniqueus. Adoravam um diabo que lhes aparecia primeiramente sob a forma de um negro e depois sob a de um anjo de luz, e que lhes fornecia todos os dias muito dinheiro. Obedecendo às suas palavras, tinham em segredo renegado completamente o Cristo, e entregavam-se na sombra a horrores e crimes cuja simples descrição seria um pecado, enquanto em público se comportavam enganadoramente como verdadeiros cristãos. No entanto, alguns maniqueus foram também descobertos em Toulouse e exterminados; estes mensageiros do Anticristo, surgindo em diversas regiões do Ocidente, tinham o cuidado de se dissimular em esconderijos e corrompiam tantos homens e mulheres quantos podiam. Um cónego da Santa Cruz de Orleães, o chantre chamado Deodato, que tinha morrido três anos antes nesta heresia, passara por muito piedoso, no testemunho de homens dignos de fé. Quando a sua heresia foi provada, o seu corpo foi lançado para fora do cemitério por ordem do bispo Ulrique, e abandonado na rua. Quanto aos dez de que se falou acima, foram condenados às chamas, bem como Lisoius, por quem o rei tivera uma verdadeira afeição, pois considerava-o um santo. Seguros de si, não receavam o fogo, anunciavam que sairiam indemnes das chamas, e rindo deixavam-se amarrar no meio da fogueira. Foram logo reduzidos totalmente a cinzas e nem um fragmento dos seus ossos foi encontrado.([8])

Raul Glaber dá uma imagem menos ingénua da heresia de Orleães. Na origem vê também um encanto perverso, mas já não fala de pó encantado; para ele, os cónegos de Orleães não são adoradores de Satanás, mas pessoas inquietas que esbarram contra o mistério da Criação e o da Trindade, e a quem a presença do mal neste mundo coloca um problema. Homens certamente de uma singular grandeza, fortificados pelo jovem saber das escolas episcopais, e perante quem os argumentos contraditórios expostos por Raul Glaber (ver mais atrás, páginas 52 a 57) parecem irrisórios.

No vigésimo terceiro ano após o Ano Mil [*ou seja, 1022, contando o Ano Mil como o primeiro*], descobriu-se em Orleães uma heresia bastante vigorosa e insolente, cujos germes durante muito tempo secretos haviam feito crescer muitíssimo a perdição, e que precipitava um grande número de homens nas redes da sua cegueira. Conta-se que foi por intermédio de uma mulher vinda de Itália que nasceu na Gália esta insensata heresia; estava possuída pelo demónio e corrompia todos os que podia, não apenas os parvos e as pessoas simples, mas até a maior parte daqueles que na ordem dos clérigos passavam por ser os mais sábios. Chegada à cidade de Orleães, permaneceu aí algum tempo e infetou muitos homens com o veneno da sua infâmia. Os portadores destes detestáveis germes faziam todos os seus esforços para os propagar à sua volta. Os dois heresiarcas desta doutrina perversa foram, valha-me Deus, os que passavam na

---

([8]) Adémar de Chabannes, *Crónica*, 49 e 59.

cidade pelos dois membros mais nobres e mais sábios do clero; um chamava-se Herberto, o outro, Lisoius. Enquanto o assunto permaneceu secreto, o rei, bem como os grandes do palácio, tiveram-nos em grande estima, o que lhes permitiu corromper mais facilmente todos aqueles cujo espírito não estava suficientemente fortalecido pelo amor da fé universal. Não limitavam as suas proezas a esta cidade, e procuravam expandir a sua maligna doutrina nas cidades vizinhas. Em Ruão vivia um padre de espírito são com quem quiseram partilhar a sua loucura; enviaram-lhe emissários encarregados de o instruir em todos os segredos do seu ensino perverso; diziam que estava próximo o momento em que o povo todo ia cair na sua doutrina. Posto assim ao corrente, este mesmo padre foi diligentemente procurar o conde mui cristão desta cidade, Ricardo [*duque da Normandia*], e expôs-lhe tudo o que sabia do assunto. Sem perder um instante, o conde enviou uma mensagem ao rei para lhe revelar o mal secreto que crescia no seu reino entre as ovelhas de Cristo. Quando soube isto, o rei Roberto, sapientíssimo e cristianíssimo, ficou profundamente triste e desgostoso, temendo na verdade tanto a ruína do país como a morte das almas. Dirigiu-se apressadamente para Orleães, reuniu um grande número de bispos e abades, religiosos e laicos, e pôs-se ativamente a procurar os autores desta perversa doutrina e aqueles que, já corrompidos, se haviam ligado à sua seita. Aquando do inquérito feito entre os clérigos para saber como cada um compreendia e acreditava o que a fé católica conserva e preza com firmeza, segundo a doutrina dos apóstolos, esses dois homens, Lisoius e Herberto, nem um só instante negaram que compreendiam de um modo diferente e tornaram público o que haviam escondido durante muito tempo. Depois deles, muitos confessaram publicamente que pertenciam à sua seita, e afirmaram que por nada deste mundo os poderiam abandonar.

Estas revelações fizeram aumentar ainda mais a tristeza do rei e dos bispos, que os interrogaram mais em segredo; tratava-se, com efeito, de homens que até então tinham prestado grandes serviços pelos seus costumes, irrepreensíveis em todos os aspetos: um deles, Lisoius, passava por ser o mais caridoso dos clérigos no mosteiro da Santa Cruz; o outro, Herberto, dirigia a escola na igreja de Saint--Pierre-le-Puellier. Perguntaram-lhes por quem ou porquê haviam chegado a uma tal presunção; responderam mais ou menos nestes termos: «Há muito tempo que nos entregámos a esta seita, que bem tarde acabastes por descobrir; mas esperávamos o dia em que nela caísseis, vós e os outros, de todas as nações e de todas as ordens; e ainda agora acreditamos que esse dia chegará.»

Dito isto, começaram a expor sem interrupção a heresia que os iludia, mais estúpida e mais miserável ainda do que todas as outras. As suas elucubrações tinham tão poucos argumentos válidos que se revelaram como triplamente contrárias à verdade. Com efeito, tratavam como extravagâncias tudo o que ao longo do Antigo Testamento e do Novo, por meio de sinais indubitáveis, prodígios e testemunhos antigos, nos afirma a autoridade sagrada sobre a natureza simultaneamente tripla e una da divindade. O céu e a terra tal como se oferecem à vista nunca tinham, diziam, sido criados, sempre haviam existido. E estes insensatos, que corriam como cães atrás da pior de todas as heresias, eram semelhantes aos heréticos epicuristas; não acreditavam que o deboche merecesse um castigo vingador. Em todas as obras cristãs de piedade e de justiça, que passam por merecer a recompensa eterna, apenas viam esforços supérfluos. E no entanto, estes insensatos e todos os outros tão numerosos que haviam suscitado encontraram perante si um grande número de fiéis e estimáveis testemunhas da verdade, perfeitamente capazes — se de facto tivessem querido aceitar esta verdade, e com ela a sua própria salvação — de refutar a sua cegueira e as suas falsas asserções.

V
A subversão do templo

Enfim, último sinal da desordem, último aviso e talvez o mais importante: a destruição do Santo Sepulcro.

Nesta época, quer dizer, no nono ano depois do ano mil, a igreja na qual se encontrava em Jerusalém o Sepulcro do Senhor nosso Salvador foi inteiramente destruída por ordem do príncipe da Babilónia. Ao que se sabe, esta destruição teve como origem os factos que vamos narrar. Visto que, para visitar este ilustre memorial do Senhor, multidões de fiéis do mundo inteiro se dirigiam a Jerusalém, o diabo cheio de ódio recomeçou, por intermédio do seu habitual aliado, o povo judeu, a lançar sobre os adeptos da verdadeira fé o veneno da sua infâmia. Havia em Orleães, cidade real da Gália, uma colónia considerável de homens desta raça, que se mostravam mais orgulhosos, mais nocivos e mais insolentes do que os outros congéneres. Com um propósito detestável corromperam, a troco de dinheiro, um vagabundo que trazia o hábito de peregrino, um tal Roberto, servo fugitivo do mosteiro de Santa Maria de Moutiers. Enviaram-no, com mil precauções, ao príncipe da Babilónia, portador de uma carta escrita em caracteres hebraicos, que foi introduzida no seu bordão dentro de um pequeno rolo de ferro, para não haver nenhum risco de lha subtraírem. O homem pôs-se a caminho e levou ao príncipe esta carta cheia de mentiras e infâmias, onde lhe era dito que, se não se apressasse a deitar abaixo a venerável casa dos cristãos, devia esperar vê-los em pouco tempo a ocupar o seu reino e a despojá-lo de todas as suas insígnias. Ao ler isto, o príncipe, furioso, enviou imediatamente alguns dos seus homens a Jerusalém para destruírem o templo. Ao chegarem, estes fizeram o que lhes fora ordenado; mas quando tentaram demolir, com a ajuda de picaretas de ferro, o Túmulo do Sepulcro, não conseguiram. Destruíram então igualmente a igreja de Saint-Georges em Ramla, cujo poder mágico tanto assustava outrora o povo dos Sarracenos: porque, segundo se conta frequentemente, aqueles que nela se introduziam para roubar eram atingidos pela cegueira. Portanto, quando o templo foi deste modo destruído, tornou-se logo evidente que era a infâmia dos Judeus que havia fomentado este atentado. Desde que o caso foi conhecido, todos os cristãos do mundo inteiro foram unânimes em decidir que expulsariam todos os Judeus das suas terras e das suas cidades.([9])

Na obra do mal coopera o que há de mais desprezível na humanidade: os infiéis (o príncipe da Babilónia, quer dizer, o califa do Cairo), os Judeus e enfim a ralé (esse servo que, além do mais, traiu os seus senhores e se pôs em fuga). O relato de Adémar de Chabannes pouco difere do de Raul Glaber; no entanto, aquele estabelece uma correlação inversa entre o pogrom e a decisão do califa. Destaca sobretudo um aviso com que ele próprio foi favorecido: toda a coorte de calamidades que deveria ter início em seguida encontrava-se em germe num acidente premonitório, num prodígio cósmico, essa cruz que lhe apareceu, numa noite, em pleno céu.

Nesses tempos manifestaram-se sinais nos astros, secas desastrosas, chuvas excessivas, epidemias, fomes medonhas, numerosos eclipses do Sol e da Lua; e o Vienne, durante três noites, transbordou em Limoges, numa distância de cerca de duas milhas. E o monge Adémar, nomeado mais acima — que vivia então com o seu tio, o ilustre Rogério, em Limoges, no mosteiro de Saint-Martial —, tendo acordado durante a noite, e olhando para o exterior, viu na parte austral do céu, como se estivesse pregado no cimo, um grande crucifixo com a imagem do Senhor suspenso na cruz e banhado num vale de lágrimas. Aterrorizado, aquele que teve esta visão nada mais pôde fazer do que deixar correr as lágrimas dos seus olhos. Viu esta cruz e a imagem do Crucificado, cor de fogo e de sangue, durante metade da noite; depois o céu tornou a fechar-se. E o que ele viu, guardou-o sempre escondido no fundo do seu coração, até ao dia em que escreveu estas linhas; e o Senhor é sua testemunha em como ele viu isto.

Nesse ano, o bispo Audouin constrangeu os Judeus de Limoges a batizarem-se, publicando uma lei que os intimava a tornarem-se

---

([9]) RAUL GLABER, *Histórias*, III, 8 e III, 7.

cristãos ou a deixar a cidade; durante um mês, por sua ordem, os doutores em ciência divina discutiram com os Judeus a fim de lhes demonstrar a falsidade dos seus livros; três ou quatro judeus tomaram-se cristãos. A grande maioria dos outros apressou-se a procurar refúgio em outras cidades, com mulheres e crianças. Também houve os que preferiram matar-se com as suas espadas em vez de aceitar o batismo. No mesmo ano, o Sepulcro do Senhor de Jerusalém foi destruído pelos Judeus e os Sarracenos, no terceiro dia das calendas de outubro, ano 1010 da encarnação deste mesmo Senhor. Os Judeus do Ocidente e os Sarracenos de Espanha tinham, com efeito, enviado ao Oriente uma carta cheia de acusações contra os cristãos e anunciado que alguns exércitos do Ocidente se haviam posto em marcha contra os Sarracenos do Oriente. Então, o Nabucodonosor da Babilónia, a quem eles chamavam «Amirat», instigado pelos conselhos dos pagãos, espalhou pelos cristãos uma grande desolação, fazendo uma lei que condenava todos os cristãos dos seus Estados que se recusassem a tornar-se sarracenos ao confisco dos seus bens ou à morte. Resultou daí que inúmeros cristãos se converteram à lei sarracena; mas nem um foi digno de morrer por Cristo, salvo o patriarca de Jerusalém, que foi executado com toda a espécie de suplícios, e dois jovens irmãos que foram decapitados no Egito e se distinguiram por numerosos milagres. A igreja de Saint-Georges, que até então nenhum sarraceno pudera profanar, foi destruída assim como muitas outras igrejas de santos, e como castigo pelos nossos pecados, a basílica do Sepulcro do Senhor foi completamente arrasada. Não tendo conseguido partir a pedra do monumento, atearam-lhe um grande fogo, mas ela permaneceu imutável e dura como um diamante.([10])

([10]) Adémar de Chabannes, *Crónica*, III, 46, 47.

QUINTA PARTE

Interpretação

I
A deflagração do mal

Qual o significado desses sinais, desses prodígios? Como outrora aos padres da antiga Roma, como aos feiticeiros da antiga Germânia, pertence no Ano Mil aos homens da Igreja interpretá--los, adivinhar-lhes o sentido e revelá-los ao povo. Todo o ensino que receberam e a tendência natural que orienta todos os percursos da sua inteligência preparam-nos para uma tal exegese. Do mesmo modo que na glosa, perante cada palavra, o comentador progride do sentido literal ao sentido moral para atingir enfim o sentido mais íntimo e o mais oculto, que abre as vias da iluminação mística, assim também Raul Glaber ou Adémar de Chabannes começam por reunir e confrontar certos factos, uma visão, a fome, chuvas excessivas, a descoberta de uma seita herética; depois, citando os Profetas, os Apóstolos, os Padres, avançam para as causas morais, evocam o esfriar da fé que as falhas do seu clero e o desregramento dos seus monges suscitou no povo. Mas é necessário que vão ainda mais longe e, transpondo o véu das aparências, que alcancem a instância primeira. Como explicar o mal-estar de que, neste momento da história, o universo sofre?

O demónio

Estes homens têm horror aos maniqueus. No entanto, eles próprios estão persuadidos de que, no reino do invisível, se afrontam dois exércitos, o do Bem, o do Mal. «Uma vez passados os mil anos», de acordo com a palavra da Escritura, não podem duvidar de que os poderes satânicos sejam desencadeados. Assim, são levados a considerar a perturbação de todas as coisas, cujas manifestações revestem então formas tão diversas, como uma vitória do demónio que o anjo libertou dos seus entraves, como a destruição de todos os castelos onde se entrincheiravam as forças benéficas. O milénio é, primeiro que tudo, esta derrota do exército divino e o retorno ao caos que se segue. É por isso que o diabo é uma das principais personagens da narrativa de Raul Glaber. No começo do livro V das Histórias, *ele ocupa sozinho a boca de cena:*

Às vicissitudes de toda a espécie, às catástrofes variadas que ensurdeciam, esmagavam, embruteciam quase todos os mortais deste tempo, acrescentavam-se os ataques dos espíritos do mal; no entanto, muitas vezes se contava que estes tinham, através dos seus fantasmas, feito compreender com clareza verdades úteis.

O demónio, quando intervém, procura seduzir; é o espírito que engana, que trabalha insidiosamente para desviar os bons do caminho reto; é o agente do desencorajamento e da perversão doutrinal:

Um monge julgou ver numa noite, à hora em que o sino toca para as matinas, surgir diante dele um ser horroroso que o encheu de conselhos e teve com ele esta conversa assim:

«Porque é que vós, monges, vos infligis tantos trabalhos, tantas vigílias e jejuns, tristezas, salmodias e tantas outras mortificações que não se encontram nos comuns hábitos dos outros homens? As numerosas pessoas que vivem no século e persistiram até ao fim da sua vida em vícios de toda a espécie não encontrarão um repouso semelhante àquele que vós esperais? Um dia, uma hora até, chegaria para merecer a eterna beatitude, recompensa da vossa retidão. No que te diz respeito, pergunto a mim mesmo porque é que, com tanto escrúpulo, assim que ouves o sino, saltas tão rapidamente do teu leito, arrancando-te às doçuras do sono, quando poderias ceder ao repouso até ao terceiro toque do sino. É preciso que te desvende um segredo verdadeiramente notável que, embora exista em nosso detrimento, é para vós a porta da salvação. Está assegurado que todos os anos, no dia em que Cristo, ressuscitando dos mortos, deu a vida ao género humano, ele esvazia completamente os infernos e leva os seus para o céu. Assim, nada tendes a temer. Podeis entregar-vos, sem perigo, a todas as volúpias da carne, a todos os desejos que vos agradarem.» Eis as palavras frívolas que, com outras ainda, o demónio, cheio de impostura, debitava ao monge; e tanto fez que este não se reuniu com os seus irmãos no ofício das matinas. As suas invenções falaciosas a propósito da ressurreição do Senhor são evidentemente desmentidas pelas palavras do Santo Evangelho, que dizem: «Muitos corpos de santos que dormiam acordaram.» Não está lá «todos», mas «muitos»; e tal é na realidade a doutrina da fé católica.

Raul Glaber decide responder aqui aos que se espantam com a ambiguidade das manifestações sobrenaturais e que se admiram de que, por vezes, do mal possa sair o bem.

Se algumas vezes entra nos desígnios do Omnipotente mandar dizer aos demónios cheios de mentira outra coisa além da falsidade, não é menos certo que tudo o que por si mesmos dizem é perigoso e enganador; e até se por acaso conseguem realizar uma parte dos seus vaticínios, estes não são úteis à salvação dos homens, a menos que a divina providência os utilize habilmente para uma ocasião de reparação.

Encontros de Raul Glaber com Satanás

Ei-lo que agora revela a sua experiência pessoal, a qual é muito rica: o diabo apareceu-lhe por três vezes, sempre na penumbra da aurora, na neblina do primeiro despertar, e sob a forma do monstro desgrenhado que os escultores do século xi representaram nos capitéis.

Pois a mim mesmo, não há muito tempo, Deus quis que semelhante coisa acontecesse várias vezes. Na época em que vivia no mosteiro do bem-aventurado mártir Léger, a quem chamam Champeaux, uma noite, antes do ofício das matinas, ergueu-se perante mim, junto ao meu leito, uma espécie de anão horrível à vista. Era, tanto quanto pude ver, de estatura medíocre, com um pescoço franzino, um rosto macilento, olhos muito pretos, testa enrugada e crispada, narinas contraídas, boca proeminente, lábios entumescidos, queixo fugidio e muito direito, barba de bode, orelhas peludas e afiladas, cabelos eriçados, dentes de cão, crânio pontiagudo, peito inchado, costas arqueadas, nádegas trémulas, vestuário sórdido, excitado pelo seu esforço, com o corpo inclinado para diante. Agarrou a extremidade da cama onde eu repousava, fez estremecer o leito todo com terríveis safanões e, por fim, disse:

«Tu não permanecerás por muito mais tempo aqui.»

E eu, aterrado, acordei sobressaltado e vi-o tal como acabo de o descrever. Ele, no entanto, rangendo os dentes, repetia sem parar:

«Não permanecerás por muito mais tempo aqui.»

Saltei imediatamente da cama, corri ao oratório e prostrei-me diante do altar do santíssimo padre Bento no auge do terror; permaneci aí muito tempo a lembrar-me febrilmente de todas as faltas e pecados graves que desde jovem cometera por indocilidade ou por descuido; para cúmulo, as penitências aceites por amor ou por medo do divino reduziam-se a quase nada. E assim esmagado pela minha miséria e confusão, nada mais conseguia dizer senão estas simples palavras:

«Senhor Jesus, que viestes para salvar os pecadores, na vossa grande misericórdia, tende piedade de mim.»

Além disso, não me envergonho de o confessar, não somente os meus pais me engendraram no pecado, como ainda sempre me mostrei difícil pelos meus hábitos e insuportável pelas minhas atitudes, mais do que é lícito. Um monge que era meu tio arrancou-me pela força às perversas vaidades da vida secular, às quais facilmente me entregava quando tinha apenas doze anos; vesti o hábito de monge, mas, valha-me Deus! apenas mudei de vestuário, não de espírito. Apesar de todos os caridosos conselhos de moderação e de santidade que me davam os meus superiores ou os meus irmãos espirituais, eu, inchado por um orgulho feroz que formava um forte escudo no meu coração, escravo da minha soberba, opunha-me à minha própria cura. Desobedecendo aos meus irmãos mais antigos, maçador para com os da minha idade, sobrecarregando os mais novos, posso na verdade dizer que a minha presença era um peso para todos, e a minha ausência, um alívio. Enfim, a minha conduta levou os irmãos do mosteiro de Saint-Léger a expulsar-me da sua comunidade; de resto, sabiam que não deixaria de encontrar asilo num outro convento, unicamente, aliás, por causa dos meus conhecimentos literários. Isso já acontecera várias vezes.

Assim, depois disso, quando me encontrava no mosteiro do Santo Mártir Benigno, em Dijon, um diabo igualzinho, sem dúvida o mesmo, apareceu-me no dormitório dos irmãos. Ainda mal rompia a aurora quando saiu a correr do edifício das latrinas, gritando: «Onde está o meu assistente? Onde está o meu assistente?»

No dia seguinte, pela mesma hora, um jovem irmão de espírito ligeiro, chamado Thierri, fugiu do convento, abandonou o hábito e levou durante algum tempo a vida secular. Depois, o arrependimento apoderou-se do seu coração e regressou às regras da santa ordem.

A terceira vez foi quando eu residia no convento da bem-aventurada Maria sempre Virgem, chamado Moutiers-Saint-Jean; uma noite, quando tocavam as matinas, cansado de um trabalho qualquer, não me levantei como deveria tê-lo feito mal tocou o sino; alguns tinham ficado, como eu, prisioneiros deste mau hábito, enquanto os outros corriam para a igreja. Acabavam os últimos de sair quando o mesmo demónio subiu a escada arfando; e, com as mãos atrás das costas, apoiado à parede, repetiu por duas e três vezes:

«Sou eu, sou eu que me apodero daqueles que ficam.»

Ao ouvir esta voz, levantando a cabeça, reconheci aquele que já tinha visto duas vezes. Ora, três dias mais tarde, um destes irmãos que, como dissemos, se habituaram a ficar na cama à socapa, incentivado por este demónio, teve a ousadia de sair do convento e permanecer seis dias fora, levando com as pessoas do século uma vida desregrada: no entanto, ao sétimo dia regressou arrependido. É certo, como atesta São Gregório, que se estas aparições são nefastas para alguns, ajudam outros a emendar-se; se isto for para minha salvação, desejo que rezemos com fervor pelo Senhor Jesus nosso Redentor.

II
As forças benéficas

Quando se vê o diabo, não há dúvidas. Mas na verdade, em muitos casos, distingue-se com dificuldade de que lado, fasto ou nefasto, se dão as aparições.

Ambiguidades

É preciso, em todo o caso, confiar cuidadosamente à memória que, quando prodígios evidentes são mostrados a homens que habitam ainda o seu corpo, seja por intermédio de espíritos benignos, seja por intermédio de espíritos malignos, estes homens pouco tempo terão para viver a vida carnal depois de terem visto semelhantes coisas. Há muitos exemplos do que estou a afirmar, entre os quais escolhi alguns que vou confiar à memória; assim, sempre que se manifestarem, servirão para inspirar prudência em vez de induzirem em engano. No burgo fortificado de Tonnerre vivia piedosamente um padre chamado Frottier, na época em que Bruno ocupava a sede episcopal de Langres. Num domingo ao anoitecer, antes de jantar, pôs-se, para se distender um pouco, à janela de sua casa; e olhando para o exterior, viu chegar do Setentrião um grande número de cavaleiros que pareciam ir combater e se dirigiam para o Ocidente. Olhou-os atentamente durante um bom bocado, depois quis chamar alguém de sua casa para ser igualmente testemunha de uma tal aparição. Só que, mal chamou, a visão dissipou-se e desapareceu rapidamente. Mal pôde conter as lágrimas com o espírito aterrorizado. Em breve caiu doente e morreu no ano seguinte, do mesmo modo que vivera. Os sobreviventes viriam a assistir à realização do presságio que o defunto vira. No ano seguinte, Henrique, filho do rei Roberto, e que mais tarde lhe sucedeu, atacou furiosamente o burgo com um imenso exército, e deu-se nesse lugar grande massacre de homens de parte a parte. É claro, neste exemplo, que, do que vira, este homem fora testemunha simultaneamente para si e para os outros.

Os demónios são negros como os que os servem. Os combatentes do exército do bem reconhecem-se pelo vestuário branco que usam.

Diferente, mas não menos maravilhoso, foi, conforme nos lembramos, o que aconteceu em Auxerre, na igreja de Saint-Germain. Aí vivia um irmão chamado Gérard, que tinha o costume de ficar no oratório depois do ofício das matinas. Uma manhã, adormeceu no meio das suas orações. Mergulhado de imediato num sono profundo, parecendo inanimado, foi transportado para fora do santuário; como, por quem, ninguém sabe. Ao acordar, achou-se no claustro, no exterior da igreja; um inexprimível espanto assaltou-o ao ver o que lhe havia acontecido. Aventura semelhante aconteceu a um padre que passava a noite na mesma igreja; adormecera nas criptas inferiores, onde repousam numerosos corpos de santos; e, ao cantar do galo, apercebeu-se de que fora transportado para trás do coro dos monges. Ora, neste convento, uma regra bem conhecida determina que, se durante a noite as lâmpadas se apagarem, os guardas da igreja não devem ter repouso algum enquanto elas não estiverem novamente acesas. Um irmão deste convento tinha o hábito, o que é excelente, de ir ao altar da bem-aventurada Maria para aí rezar e soltar gemidos, derramando lágrimas de compunção. Mas tinha o defeito, comum a quase toda a gente, de cuspir frequentemente durante as suas orações e de deixar escapar a saliva. Aconteceu que uma vez, vencido pelo sono, adormeceu. Apareceu-lhe então, de pé perto do altar, uma personagem envolvida em roupas brancas, tendo nas mãos um tecido muito branco, que lhe dirigiu estas palavras:

«Porque me cobres com esses escarros que lanças? No entanto, como vês, sou eu que me encarrego das tuas orações e as levo à vista do Juiz muito misericordioso.»

Perturbado com esta visão, o irmão não somente vigiou melhor o seu comportamento, como ainda teve o cuidado de recomendar aos outros que se acautelassem mais nos lugares sagrados. Se bem que seja uma necessidade natural, de qualquer maneira as pessoas abstêm-se, na maior parte das regiões, de lançar escarros numa igreja; a menos que aí haja, para os receber, recipientes, que de seguida se esvaziam no exterior; os mais cuidadosos neste aspeto são os Gregos, nos quais as regras eclesiásticas foram sempre escrupulosamente observadas.

Desde há muito, como todos sabem, este mosteiro distinguiu-se por sinais e prodígios graças aos méritos de São Germano e de outros santos cujo repouso é nele guardado; nele se viram curas, mas também se viram castigos vingadores atingirem aqueles que pilhavam os seus bens. De cada vez que senhores da região ousavam invadir ou saquear os bens deste mosteiro, Deus mergulhava sempre a sua raça e a sua fortuna na desonra, e quase os aniquilava. Uma prova evidente, entre muitas, do que afirmamos vê-se no castigo que atingiu a raça de um certo Bovon, e de seu filho Auvalon, e nos desastres que choveram sobre o mui sacrílego castelo de Seignelav.

Raul Glaber e São Germano

Eis o que pessoalmente me diz respeito: os meus colegas e irmãos deste local pediram-me um dia que restaurasse as inscrições dos altares, redigidas outrora por homens instruídos, mas que, gastas pelos anos como quase todas as coisas, já não eram visíveis; este trabalho adequava-se às minhas competências, e de boa vontade me apliquei a executá-lo o melhor possível. Mas antes de ter podido acabar a obra empreendida, fui atacado por um mal causado, parece-me, pela obrigação de estar de pé: uma noite, deitado no meu enxergão, senti os meus membros de tal modo contraídos por uma afeção nervosa que não podia endireitar-me nem virar-me para o outro lado. Na noite que se seguiu, três dias mais tarde, ao ser vítima de angústias intoleráveis, apareceu-me um homem de veneráveis cabelos brancos que me ergueu, completamente adormecido, nos seus braços e me disse:

«Termina rapidamente o que começaste, e não receies por ainda te sentires mal.»

Acordo de imediato maravilhado, saio sozinho do meu leito e corro para o altar dos vitoriosos mártires Vítor, Apolinário e Jorge, cuja capela era contígua ao edifício da enfermaria; e aí, dando humildemente graças ao Deus do universo, assisti com alegria ao ofício das matinas. Logo de manhã, na plena posse das minhas faculdades físicas, compus a inscrição contendo os nomes destes santos mártires. Na grande igreja havia vinte e dois altares; como era minha intenção, restaurei-lhes as inscrições, redigidas em hexâmetros, assim como os epitáfios dos santos; depois tomei o cuidado de ornamentar do mesmo modo os túmulos de algumas personagens religiosas. As pessoas de bom senso apreciaram muito esta ideia. Mas aconteceu aquilo que o abade Odilon costumava lamentar com frequência: «Valha-me Deus!», dizia. «Se a lepra da inveja domina em todos os homens, é todavia no coração de alguns dos que fizeram profissão de viver como monges que ela se alojou.» Um monge, que se tornara odioso aos irmãos do seu mosteiro, abandonou-os e veio instalar-se entre os nossos; estes, como foi sempre seu costume, receberam-no com caridade. Ele, no entanto, encheu com o veneno da sua inveja o abade e vários monges e inspirou-lhes em relação a mim uma tal aversão que apagaram todas as inscrições que eu tinha gravado sobre os altares. Mas o Deus vingador não demorou muito em enviar o seu castigo a este instigador de discórdia entre irmãos. Imediatamente atacado por uma cegueira vingadora, ficou destinado a tropeçar sem recurso na obscuridade até ao fim da sua vida. Este desfecho, cuja notícia se espalhou tanto na vizinhança como nos arredores, suscitou uma grande admiração.([1])

Estar a postos

Em todas as maravilhas, em todos os presságios — e mesmo quando o próprio demónio se mostra — convém, pois, distinguir a mão de Deus. Porque o dualismo instintivo dos sábios do Ano Mil não vai até ao ponto de lhe recusar a omnipotência. O mal existe, age livremente; tem o poder de seduzir os homens e de infestar o seu espírito. No entanto, Deus é, na verdade, o Senhor de tudo. De igual modo, quando vemos multiplicarem-se os prodígios, com a aproximação dos dois milénios, o do nascimento e o da paixão de Cristo, podemos certamente considerá-los como efeito da irrupção

---

([1]) RAUL GLABER, *Histórias*, V, I.

de Satanás e da corrupção dos homens, e como prenúncio dos avanços fulgurantes do Anticristo. Contudo, nestes sinais exprime-se, em última análise, uma vontade superior, a do Senhor: os cometas, a fome, a heresia emanam incontestavelmente do divino. Estes fenómenos não deixam de ser ambíguos. Quando lança os flagelos sobre a humanidade, manifestará Deus a sua cólera, perseguirá, como o fazem quotidianamente os reis da terra, os duques e os senhores menores, numa vingança brutal sobre aqueles que o ultrajam? O mal será um castigo? Não será, também, um aviso generoso do Mestre, o qual na sua misericórdia procura prevenir as suas criaturas antes de lançar sobre elas os mais terríveis dos seus golpes?

Vindicta? Admoestação? Seja o que for, o desregramento do universo exorta à penitência. Porque os pensadores do século XI — e mesmo se, como Abbon de Fleury, se recusam a seguir os defensores do milenarismo e a situar num ponto preciso do futuro o dia da cólera divina — interpretam todos a história do seu tempo fundamentando-se no discurso escatológico de Jesus tal como é relatado nos três evangelhos sinópticos: «Haverá grandes tremores de terra e fomes; haverá também fenómenos terríveis e no céu grandes sinais.» (Luc. 21.) «Surgirão falsos Cristos e falsos profetas que produzirão sinais e prodígios...» (Mat. 24.) Os eclipses, as baleias monstruosas, os maniqueus de Orleães, as aparições de santos, as do diabo, as dos mortos, anunciam de forma permanente que o mundo é transitório, condenado, e que o seu fim há-de chegar. Venham de onde vierem, estas perturbações surgem para arrancar o homem à tranquilidade, mantê-lo desperto e incitá-lo a purificar-se: «Velai, portanto, porque não sabeis em que dia virá o vosso Senhor...; por isso, estai vós também preparados, porque o Filho do Homem virá na hora em que menos pensardes.» (Mat. 24.) Anda mal quem acredita nos terrores do Ano Mil. Mas deve-se admitir, em contrapartida, que os melhores cristãos deste tempo viveram numa ansiedade latente e que, meditando no Evangelho, faziam desta inquietação uma virtude.

SEXTA PARTE

A purificação

I
Exclusões

O sacrifício

Tal é o sentido de todas as obras históricas desta época. Elas são morais; propõem exemplos. Glaber, Helgaud, Adémar de Chabannes, todos os outros, compuseram a sua narrativa como um sermão de penitência. Ecoava, por todo o universo, um apelo ao sacrifício; era importante que o género humano se despojasse dos seus bens. Três razões profundas predispunham muito especialmente esses homens a tirar uma lição do recente percurso da história. Em primeiro lugar eram monges; tinham, pelo menos num momento das suas vidas, fugido do mundo; tinham-se imposto privações; para eles, a ascese representava sem dúvida a via triunfal; sentiam-se obrigados a arrastar consigo todo o povo de Deus no seu caminho para a perfeição. Por outro lado, no início do século XI, os hábitos sociais, e especialmente as práticas judiciais, faziam do dom, da «multa», o ato por excelência da reconciliação; excluíra-se um homem por causa de um crime da comunidade? Despojando-se dos seus bens, impondo a si mesmo um sacrifício, resgatava o preço do sangue vertido, obtinha o perdão da sua vítima; voltava à paz e à amizade do príncipe cuja autoridade garantia a justiça em toda a região. Enfim, numa religião inteiramente dominada pelos gestos rituais, o sacrifício, a destruição voluntária e gratuita das riquezas, em oferenda aos poderes invisíveis, ocupavam uma posição central nas mediações entre o homem e o sagrado. De facto, vislumbra-se claramente que, na expectativa da Parúsia e perante a acumulação dos prodígios, os atos purificadores se multiplicaram depois do Ano Mil.

No decurso do mesmo mês de novembro, a 10 das calendas de dezembro [*1044*], à terceira hora do dia, deu-se o terceiro eclipse do Sol do nosso tempo; era naturalmente o vigésimo oitavo dia da Lua. Porque nunca se produzem eclipses do Sol fora do vigésimo oitavo dia da Lua, nem eclipses da Lua fora do décimo quarto. Diz-se eclipse, quer dizer, falta ou defeito, não porque o próprio astro efetivamente falte, mas sim porque nos falta a nós no seguimento de algum obstáculo. Por estes dias, soubemos por Gui, arcebispo de Reims, que os seus tinham visto a estrela Bósforo, também chamada Lúcifer, mover-se uma noite de cima para baixo como se fosse ameaçar os habitantes da Terra. À vista de semelhantes prodígios enviados pelo céu, muitas pessoas, aterrorizadas pelos seus próprios vícios, fizeram penitência e entraram na via da reparação.([1])

Antissemitismo

Primeiro que tudo, convinha que o trigo fosse separado do joio, e que o povo de Deus fosse libertado dos corpos estranhos e funestos cuja presença propagava a infeção entre os fiéis. O aumento dos perigos provocou, portanto, medidas de exclusão. As mais amplas afetaram sem dúvida os Judeus, considerados, como vimos mais atrás, aliados naturais de Satanás. Raras até então, as provas de antissemitismo tornaram-se incontestáveis, na mesma altura em que progride a devoção pelo Crucifixo e pela festa da Páscoa. Através dos pogrons, a cristandade acredita libertar-se de um fermento de

---

([1]) RAUL GLABER, *Histórias*, III, 5.

corrupção: e não verá ela, logo de seguida, os ritmos do universo regressarem à ordem?

Por esses dias, numa Sexta-Feira Santa, depois da adoração da Cruz, Roma foi agitada por um tremor de terra e por um terrível ciclone. E de imediato, um dos Judeus fez saber ao senhor papa que à mesma hora os Judeus estavam, na sinagoga, a injuriar a imagem do Crucifixo. Bento investigou ativamente o assunto, teve a confirmação e condenou os autores deste crime à pena capital. Assim que foram decapitados, o furor dos ventos acalmou.

Excomunhão

Nessa altura, difunde-se no cerimonial da Igreja o uso da excomunhão e do interdito, cujo efeito é separar o corpo da cristandade dos membros atingidos pelo mal para que a podridão de que são portadores não venha a propagar-se.

[*O bispo de Limoges*] Audouin foi levado, por causa das pilhagens dos cavaleiros e da devastação dos pobres, a instituir uma nova prática que consistia em suspender nas igrejas e nos mosteiros o exercício do culto divino e a celebração do santo sacrifício, e a privar o povo dos louvores divinos como se este fosse pagão: chamava a esta prática «excomunhão».([2])

Fogueiras

A época, enfim, ilumina-se com o brilho das fogueiras. Cabe ao fogo purificador destruir todos os germes maléficos. Fogueiras de heréticos e de feiticeiras. Acendem-se em 1022, em Orleães, para os maniqueus que não querem purgar-se a si próprios da infeção:

([2]) ADÉMAR DE CHABANNES, *Crónica*, III, 52 e 35.

Após muitos terem empregado todos os recursos da sua inteligência para os fazer abandonar as suas pérfidas ideias e reencontrar a fé verdadeira e universal, e eles de todas as formas se terem a isso recusado, disseram-lhes que, se não readquirissem rapidamente uma sã ideia da fé, seriam sem demora, por ordem do rei e pelo consentimento do povo todo, queimados pelo fogo. Mas eles, completamente impregnados pela sua loucura, vangloriavam-se de não ter medo de nada, anunciavam que sairiam indemnes do fogo e riam-se com desprezo dos que lhes davam melhores conselhos. O rei, vendo com todos aqueles que lá estavam que não poderia demovê-los da sua loucura, mandou atear, não longe da cidade, um enorme fogo, esperando que, aterrorizados, renunciassem à sua maldade; enquanto para lá os levavam, agitados por uma furiosa demência, proclamavam bem alto que aceitavam o suplício e precipitavam-se para o fogo empurrando-se uns aos outros. Por fim, os treze que foram entregues ao fogo, quando começavam já a arder, puseram-se a gritar com toda a força dos seus pulmões, do meio das chamas, que tinham sido horrivelmente enganados por uma artimanha diabólica, que as suas recentes ideias sobre o Deus e Senhor de todas as coisas eram más, e que, como vingança da blasfémia de que se tinham tornado culpados, estavam atormentados neste mundo antes de o serem pela eternidade. Ouvindo-os, muitos dos assistentes, levados pela piedade e pela humanidade, aproximaram-se para arrancar ao fogo ao menos aqueles que estavam apenas meio queimados; mas nada conseguiram: a chama justiceira acabara de consumir estes infelizes, reduzindo-os imediatamente a cinzas. Desde então, em toda a parte onde se onde foram descobertos, os adeptos destas crenças foram entregues ao mesmo castigo vingador. E o culto da venerável fé católica, uma vez extirpada a loucura destes detestáveis insensatos, revestiu-se por toda a terra de um brilho mais vivo.([3])

Em Angolema, a morte do conde Guilherme Taillefer, anunciada por um incêndio, levou à fogueira «feiticeiras», pobres mulheres, acusadas de terem provocado o falecimento pelos seus malefícios.

([3]) Raul Glaber, *Histórias*, III, 8.

No entanto, no mesmo ano, o conde sentiu o seu corpo enfraquecer e acabou por morrer. Nesse ano, coisa dolorosa de dizer, um incêndio ateado por ímpios cristãos destruiu a cidade de Saintes e com ela a basílica de Saint-Pierre, sede do bispo; e este lugar permaneceu por muito tempo privado do culto divino. Na altura em que o conde sonhava vingar este ultraje feito a Deus, começou, pouco a pouco, a perder as suas forças; mandou que o instalassem numa casa em Angolema, nas proximidades da igreja de Saint-André, para poder assistir aos ofícios divinos, e aí começou a permanecer deitado, vítima da doença. Recebia continuamente a visita de todos os senhores e nobres personagens vindos de toda a parte. Alguns diziam que a sua doença era devida a sortilégios nefastos: ele gozara sempre de um corpo são e robusto, e o seu corpo não estava afetado como o dos velhos, nem como o dos homens novos. Descobriu-se que uma mulher maléfica usara contra ele a sua maligna arte. Como esta recusava confessar o seu crime, recorreu-se ao juízo de Deus para que a verdade oculta fosse posta a claro pela vitória de um dos dois campeões. Assim, depois de terem prestado juramento, estes dois combateram encarniçadamente durante muito tempo, sendo Estêvão o representante do conde e Guilherme o defensor da feiticeira. Estêvão obteve a vitória sem dano; o outro, com a cabeça partida e coberto de sangue, permaneceu de pé da terceira até à nona hora; vencido, foi transportado meio morto e ficou muito tempo sem se poder levantar. Estêvão, esse, permanecera de pé; abandonando o combate são e salvo, na mesma altura correu a pé, para dar graças a Deus, até ao túmulo de São Cybard, onde havia passado a noite precedente em vigília e em orações; depois regressou a cavalo à cidade para reparar as forças. Entretanto, sem o conde saber, a feiticeira fora entregue a múltiplos tormentos, e depois crucificada; e mesmo então nada confessou; com o coração selado pelo diabo, não deixava sair da sua boca nem uma palavra e nem um som. Todavia, três mulheres que tinham participado nos seus malefícios derrotaram-na com o seu testemunho; e estas mesmas mulheres desenterraram aos olhos de todos estatuetas mágicas em argila, já apodrecidas pelo tempo. Contudo o conde perdoou a esta maléfica mulher, não permitiu que a torturassem mais e concedeu-lhe a vida. Jerónimo conta que também

Antíoco Epifânio enlouquecera por efeito de sortilégios maléficos e que, vítima de enganadoras imaginações, morreu de doença. Não há nada de espantoso no facto de Deus permitir que um cristão sofra no seu corpo os efeitos dos malefícios, quando sabemos que o bem-aventurado Job foi afligido pelo diabo com uma úlcera cruel, e que Paulo foi esbofeteado por um anjo de Satanás; e não se deve temer as doenças mortais para o corpo; é mais grave o que atinge as almas do que o que abate os corpos.

O conde Guilherme recebeu a penitência dos bispos e dos abades, pôs em ordem todos os seus negócios e dividiu os seus bens como melhor lhe pareceu entre os seus filhos e a sua mulher; perdoado e absolvido, ouviu a missa e os ofícios divinos durante todo o tempo da Quaresma; e por fim, durante a semana que precede a Semana Santa, munido da extrema-unção e do viático, tendo adorado e beijado a santa madeira da cruz, entregou a sua alma a Deus nas mãos do bispo Rohon e dos padres, tendo tido um fim louvável. O seu corpo foi velado durante dois dias pelos clérigos e monges na basílica do apóstolo Pedro. Toda a cidade se encheu de lamentações. No santo Domingo de Ramos, o seu corpo, coberto de folhagens e de flores, foi transportado para a basílica de Saint-Cybard, onde foi enterrado diante do altar de São Dinis. A inumação foi feita pelos dois bispos Rohon, de Angolema, e Arnaut, de Périgueux. Por cima do seu túmulo, seu filho Audouin mandou colocar uma placa de chumbo com esta inscrição:

AQUI JAZ O AMÁVEL SENHOR GUILHERME, CONDE DE ANGOLEMA, QUE, NO MESMO ANO DO SEU REGRESSO DE JERUSALÉM, MORREU EM PAZ NO OITAVO DIA DOS IDOS DE ABRIL, VÉSPERA DOS RAMOS, ANO MIL E VINTE E OITO DA ENCARNAÇÃO.

Toda a sua raça repousa no santuário de Saint-Cybard. Contudo, sob ordem de Audouin, as feiticeiras foram lançadas às chamas no exterior das muralhas da cidade. E depois do enterro, os bispos fizeram, com o clero e o povo, a santa procissão dominical e uma reza solene.

II
Penitências individuais

Esmolas

Todavia, a humanidade purificada deste modo, pelo ferro e pelo fogo, das suas nefastas excrescências deve ainda submeter-se a ritos de penitência, tanto individuais como coletivos. O mais simples, o mais comum de todos, é a esmola: no limiar da morte, o mesmo conde de Angolema ofereceu a Deus o seu tesouro todo:

Guilherme ofereceu a Saint-Cybard, como preço da sua sepultura, presentes variados e consideráveis tanto em terras como em fios de ouro e prata, e outras coisas ainda. Entre muitos presentes, ofereceu uma cruz processional de ouro decorada com pedras preciosas, com o peso de sete libras, e dois candelabros em prata de fabrico sarraceno, pesando quinze libras.[4]

No entanto, Guilherme já se tinha preparado, e ainda melhor, para a passagem «ouvindo a missa e os ofícios divinos», ou seja, vivendo como um monge. São, com efeito, as abstinências, todas as renúncias que implica a profissão monástica, que são ritualmente impostas ao cristão que é preciso purificar. Ou seja, ao homem culpado de gravíssimo pecado público e, de um modo mais geral, a todos os agonizantes. Tal é então a penitência: um estado, ousaria até dizer uma situação social. O penitente, como o monge, abandona o mundo, a sua mulher, as suas armas, os seus bens; separa-se dos outros; usa um vestuário particular. A mais rica descrição da atitude penitencial encontra-se na biografia de Roberto, o Pio, que Helgaud de Saint-Benoît-sur-Loire escreveu. O rei de França era culpado como tinha sido o rei David: tinha casado com a mulher do seu vassalo, que, ainda por cima, estava já ligada a ele por aquilo que a doutrina considerava então um parentesco

---

[4] ADÉMAR DE CHABANNES, *Crónica*, III, 66.

demasiado próximo; tinha, pois, cometido simultaneamente adultério e incesto.

E, assim o diz a Escritura, como Deus permite que o que ele não quer aconteça, é pela permissão da sua sábia clemência que estes dois príncipes [*Roberto e David*] caíram no pecado; e foi assim que se reconheceram iguais, pela sua humana condição, aos seus súbditos, e passaram o resto das suas vidas em vigílias e orações e a suportar várias penas corporais, para que se cumprisse neles o testemunho da Escritura: «Deus corrige aquele que ama, e flagela todo o filho que acolhe.» Um e outro pecaram, o que é costume dos reis; mas, visitados por Deus, fizeram penitência, choraram, gemeram, o que não é hábito dos reis. A exemplo do bem-aventurado David, nosso senhor Roberto confessou a sua falta, implorou o seu perdão, deplorou a sua miséria, jejuou, rezou, e divulgando a sua dor, fez da sua confissão um exemplo para todos os séculos. O que os particulares não se envergonham de fazer, este rei não se envergonhou de o confessar.

O rei purificou-se pela esmola, que praticou melhor do que qualquer outro rei. Helgaud relembra a longa lista das suas doações piedosas:

Desejando honrar tão grande bispo [*Aignan, bispo e patrono de Orleães*], Roberto, flor aromática, ornamento e graça da Santa Igreja, quis, com a graça de Deus, estabelecê-lo num santuário maior e tratou de construir sobre o seu túmulo uma casa do Senhor mais bela do que aquela que aí se erguia. Com a ajuda de Deus e o auxílio de Santo Aignan, levou esta obra a bom termo. Este edifício mede quarenta e duas toesas de comprimento, doze de largura e dez de altura, e tem cento e vinte e três janelas. Neste templo, o rei mandou erigir em glória dos santos dezanove altares, cujos pormenores tivemos o cuidado de anotar aqui: o altar-mor é em honra do apóstolo Pedro, ao qual o rei associou na consagração o seu companheiro de apostolado Paulo, enquanto outrora apenas aqui se venerava São Pedro; na cabeceira, um altar dedicado a Santo Aignan; aos pés, um outro dedicado ao mesmo santo; um outro a São Bento; os que restam, aos santos cujos nomes se seguem: Euverte, Lourenço, Jorge, Todos-os-Santos, Martinho, Maurício, Estêvão, António, Vicente, Maria, João, o Santo Salvador, Mamerto, Nicolau, Miguel. A cabeceira do santuário era uma obra admirável e assemelhava-se à da igreja de Santa Maria, mãe do Senhor e dos santos Agrícola e Vital, situada em Clermont. Quanto ao relicário do próprio Santo Aignan, o rei mandou que lhe ornamentassem a parte da frente com o melhor ouro fino, pedras preciosas e prata pura. E mandou recobrir inteiramente de ouro fino a mesa do altar de São Pedro, a quem é dedicado o santuário; a nobre rainha Constança, sua gloriosa esposa, mandaria retirar, após a morte de seu mui santo marido, o valor de sete libras deste mesmo ouro para dar a Deus e a Santo Aignan, de forma a permitir embelezar a cobertura da igreja assim construída; aberta desde a base até ao cimo, aí se via melhor o céu do que a terra. Ora, havia sobre a mesa do altar quinze libras de ouro de lei. O que ficou foi distribuído pela rainha àqueles a quem o devia distribuir: ela zelava muito pela Igreja de Deus, segundo a benfazeja vontade do seu senhor.

Depois de tudo isto, o glorioso rei Roberto, desejoso de mandar consagrar santamente esta igreja, no trigésimo sexto ano da sua consagração, da sua bênção e da sua subida à realeza, convocou por ordem soberana os arcebispos Gauzlin, da Sé de Burges e também o abade de Fleuri, Lierri, de Sens, assim como Arnoul, de Tours. À sua assembleia vieram juntar-se os bispos Oury, de Orleães, Thierri, de Chartres, Bernier, de Meaux, Guérin, de Beauvais e Raul, de Senlis. Também aí se encontrava o venerável senhor Odilon, abade de Cluny e outros homens bons e de grande mérito, com os quais o rei queria sempre encontrar-se. Estas personagens, e ainda outros ministros de Deus, levantaram do túmulo o nobre corpo do santíssimo amigo de Deus, Aignan, e com ele o dos santos Euspício, Monitor e Flósculo, confessores, Baudélio e Subílio, mártires, e o de Santa Ágia, mãe de São Lopo, confessor; e pelo glorioso rei e por aqueles cujos nomes referimos e que tinham vindo para esta cerimónia, Aignan foi velado, louvado e cantado por hinos e laudes na igreja de Saint-Martin, enquanto se preparava tudo o que era útil e necessário à santa bênção. Quando tudo estava pronto, o rei mandou benzer e consagrar solenemente os lugares pelos mesmos santos padres, no ano da encarnação do Senhor 1029, duodécima indicção. O ilustre rei colocou nos seus ombros os despojos do Santo, ajudado pelo seu povo cheio de alegria e de regozijo; transferiram-nos, ao som dos cânticos sagrados, para o novo templo que este mesmo glorioso Roberto mandara edificar, louvando o Senhor e Santo Aignan ao som do tambor e das vozes humanas, instrumentos de cordas e de órgão; e depuseram-nos no lugar santo para a honra, a glória e o louvor de Jesus Cristo nosso Senhor e do seu servidor Aignan, favorecido por uma glória especial.

Quando esta cerimónia de consagração acabou, bem como todos os ritos da dedicatória do santo templo, Roberto, pai da pátria, que apenas se deve nomear com reverência, dirigiu-se ao altar do Santíssimo Pedro e do bem-amado senhor Aignan, à vista de todo o povo, e despojando-se do seu vestuário de púrpura, que se chama em língua vulgar roquete, pôs os joelhos em terra e dirigiu do fundo do coração esta suplicante oração a Deus: «Dou-te graças, bom Deus, por hoje, pelos méritos de Santo Aignan, terdes levado até ao fim o projeto que eu concebera; e regozijo-me na minha alma pelos corpos santos que neste dia triunfam com ele. Concede pois, Senhor, por todos os santos que aqui estão, aos vivos o perdão dos seus pecados, e a todos os defuntos a vida e o repouso eternos. Debruça-te sobre os tempos que vivemos, governa este reino que te pertence e que nos foi confiado pela tua clemência, a tua misericórdia e a tua bondade; dirige-o, protege-o para honra e glória do teu nome, pela virtude maravilhosa de Santo Aignan, pai desta pátria por ele maravilhosamente liberta dos seus inimigos.»

Terminada esta oração, cada um voltou alegremente para sua casa; e no mesmo dia, o rei enriqueceu este lugar de forma brilhante oferecendo-lhe quatro toalhas das mais caras, um cálice de prata e os bens da sua capela, que legou para depois da sua morte ao Deus Omnipotente e ao santíssimo confessor Aignan. A capela deste mui piedoso, mui sábio e mui poderoso rei Roberto consistia no que se segue: dezoito capas em muito bom estado, magníficas e muito bem trabalhadas; dois livros dos Evangelhos revestidos de ouro, dois de prata, e dois outros mais pequenos, com um missal de além-mar ricamente ornamentado de marfim e de prata; doze filactérias de ouro; um altar maravilhosamente ornado de ouro e de prata, contendo no seu centro uma pedra admirável chamada ónix; três cruzes de ouro, pesando a maior sete libras de ouro puro; cinco sinos (um destes sinos, verdadeiramente maravilhoso, pesa duas mil e setecentas libras; o rei mandou nele gravar o símbolo do batismo real pelo óleo e o santo crisma, segundo o ritual da Igreja, para que, pela graça do Espírito Santo, este sino tivesse o nome de Roberto). O rei deu igualmente a Santo Aignan duas igrejas, as de Santilly e de Ruan, com as suas aldeias e todas as suas dependências, o que mandou confirmar e corroborar por decreto real. Obteve, além disso, do senhor Thierri, venerável bispo de Orleães, os altares destas duas igrejas, com um privilégio concedido pelo bispo a Santo Aignan e ao ilustre rei, que sempre testemunhara ao Santo, pelas suas palavras, a viva afeição que sentia por ele no seu coração.

A esmola real adquire um aspeto simbólico quando o soberano, ungido do Senhor, imita as atitudes de Jesus na Páscoa.

Mas não queremos deixar passar em silêncio o hábito que ele tinha de dar esmola nas terras do seu reino. Na cidade de Paris, em Senlis, em Orleães, em Dijon, em Auxerre, em Avallon, em Melun, em Étampes, em cada uma destas terras, dava-se a trezentos ou, para ser mais exato, a mil pobres, uma certa porção de pão e de vinho; e isto deu-se muito especialmente no ano em que este rei se juntou a Deus, o milésimo trigésimo segundo da Encarnação do Senhor. Além disso, durante a Santa Quaresma, onde quer que se dirigisse, mandava todos os dias distribuir a cem ou a duzentos pobres pão, peixe e vinho. No dia da Ceia do Senhor — coisa inacreditável para quem não tenha visto, e na verdade admirável para aqueles que foram testemunhas e nisso colaboraram — cerca de trezentos pobres estavam reunidos nesse dia pela sua providência; enquanto cada um lhe fazia a genuflexão, o rei Roberto, com a sua santa mão, colocava nas deles legumes, peixe, pão e um denário. E isto dava-se à terceira hora do dia. À hora sexta distribuía de igual modo a cem clérigos pobres a sua parte de pão, de peixe e de vinho e gratificava cada um com doze denários, cantando com o coração e com os lábios os salmos de David. De seguida, após a sua refeição, este humilde rei preparava-se para o serviço de Deus, despia o seu vestuário e colocava um cilício sobre a pele; reunia uma assembleia de mais de cento e sessenta clérigos; à semelhança do Senhor, lavava-lhes os pés e enxugava-lhos com os seus próprios cabelos e, obedecendo à ordem do Senhor, distribuía a cada um dois soldos; o clero estava presente e havia um diácono encarregado de ler durante este tempo a narrativa da Ceia do Senhor, segundo São João. Tais eram as ocupações deste rei glorioso pelos seus méritos; durante o dia de Sexta-Feira Santa, percorria as igrejas dos santos e adorava a cruz do senhor até à véspera da Santa Ressurreição; imediatamente após, tomava o seu lugar no serviço de louvor, que nunca faltou na sua boca. Foi pelos méritos destas virtudes e de outras ainda, foi pelo espectáculo das suas boas obras que este glorioso rei Roberto, que é preciso celebrar por toda a terra, se ofereceu à admiração do mundo e continua a ser um exemplo para toda a posteridade.

Este homem, entre todos os reis, o mais glorioso aos olhos de Deus, em virtude do número sagrado dos santos apóstolos que amava com todo o seu coração e em cujas festas solenes ele fizera voto de jejuar, fazia-se acompanhar de doze pobres que acarinhava muito especialmente. Representava mesmo para eles o repouso depois dos sofrimentos. Ele comparava estes santos pobres a vigorosos burricos e, onde quer que se dirigisse, conduzia-os diante dele, alegres, louvando Deus e abençoando a sua alma. Quando era necessário reconfortar os seus pobres e muitos outros, jamais se recusava, pondo nisso, pelo contrário, toda a sua vontade. Se algum deles morria, a sua grande preocupação era que o seu número não diminuísse; os vivos sucediam aos mortos, representando a oferta a Deus deste tão grande rei.

Mortificações

Penitente — porque pecador, mas também pelo simples facto de ser rei, de representar o Cristo entre o seu povo e ser responsável pela salvação de todos — Roberto impõe igualmente mortificações ao seu corpo:

Num ano em que, na santa época da Quaresma, o abade de Saint--Arnoul de Crépy se dirigiu como de costume para junto do rei, que se encontrava então em Poissy, depois de ter tratado dos assuntos pelos quais havia vindo, tomou em conjunto com ele o alimento do corpo e o da alma. O bom abade, sentindo-se ligado ao rei pelo afeto que habitualmente se experimenta nestas alturas, lembrou-lhe a bondade de Deus e exortou-o a sustentar o seu humílimo corpo fornecendo-lhe algum alimento, uma vez que, batendo sem cessar à porta do Céu pelas suas orações, ele participava nos méritos dos santos. Este homem cheio de piedade recusava e, prostrando-se por terra, suplicava-lhe que o não constrangesse, dizendo que se ele obedecesse a tais conselhos, já não cumpriria o voto de jejum que havia feito a Deus. A estas palavras, o abade sentiu-se obrigado a calar-se e, meditando no seu coração a perfeição de virtude de que era testemunho esta estrita observância de jejum, ofereceu pelo príncipe diversas e numerosas missas a fim de que Deus lhe concedesse firmeza no cumprimento do seu voto. O rei, satisfeito com os presentes espirituais que assim lhe dava este santo homem, deu graças a Deus e observou o santo jejum sem interrupção na expectativa do dia da ressurreição do nosso Deus e Senhor Jesus Cristo. Este entusiasta pelo bem em matéria de religião agia assim para a purificação dos seus pecados; desde a santa Septuagésima até à Páscoa, sem se servir da menor almofada, deitava-se frequentemente sobre a terra dura e erguia incansavelmente a sua alma para o céu. Por tais atitudes e por muitas outras, possa a curta oração seguinte aproveitar à salvação da sua alma: «Que Deus apague as manchas dos seus atos passados, que as rejeite no esquecimento eterno, e o faça participar na primeira ressurreição, ele que é a ressurreição dos mortos, Jesus Cristo que vive e reina nos séculos dos séculos.»

Peregrinação

Com a aproximação da morte, os ritos de penitência adquirem maior amplitude. Muito antes da sua morte corporal, o rei Roberto quer morrer para o mundo secular. Dedica-se a isso através da rutura que representa a peregrinação. Prática penitencial maior, uma tal prova lança o cristão nos perigos de uma aventura, e como outrora ao povo dos Hebreus, encaminha-o para a Terra Prometida, O rei visita assim, cada um por sua vez, até à abadia de Saint-Gilles, nos confins do seu reino, todos os santos, seus amigos, nos túmulos em que repousam:

Possuído pelo desejo de morrer para o mundo e de viver em Cristo nosso Deus, este poderoso rei, desejando ver aquele a quem pertence tudo o que existe e a quem nós narramos tudo o que escrevemos, quis ter por amigo na terra aquele que o céu não pode conter. Dirigiu-se durante a Quaresma para junto dos santos que estão unidos a ele no serviço a Deus, rezou-lhes, honrou-os, cobriu-os de humildes e salutares orações a fim de ser considerado digno de cantar com todos os santos os louvores de Deus. Dedicou-se a isso com todo o seu corpo e todo o seu espírito, para poder triunfar um dia pela virtude de Deus. Foi acolhido na região de Burges pelo Santo Estêvão protomártir, com São Manuel, no primeiro plano pelos seus méritos, por Santa Maria com o célebre e grande mártir Julião, de novo pela clemente Virgem das virgens Maria, com o grande confessor São Gil. Depois o ilustre Saturnino, o valente Vicente, o digno António, a mártir Santa Fé, enfim o santo e mui valoroso cavaleiro do Senhor, Géraud, restituiram-no são e salvo ao glorioso Estêvão, com quem ele passou em alegria o dia de Ramos, antes de chegar a Orleães para aí receber no dia de Páscoa o autor da nossa salvação. Pelo caminho fez numerosas dádivas aos santos e a sua mão nunca abandonou os pobres. Há nestas regiões muitos doentes, e sobretudo leprosos; este homem de Deus, tendo lido nas Santas Escrituras que muitas vezes o Senhor Cristo recebeu na sua forma humana a hospitalidade dos leprosos, não sentiu por eles nenhuma aversão. Aproximava-se com solicitude, entrava nas suas casas, dava-lhes dinheiro com a sua própria mão e beijava-lhes as mãos com a sua boca, e louvava Deus em todas as coisas, lembrando-se da palavra do Senhor: «Lembra-te de que és pó e que pó voltarás a ser.» A outros infelizes enviava piedosos socorros, por amor do Deus Todo-Poderoso, que obra grandes coisas por toda a parte em que se encontra. E o poder de Deus conferiu a este homem perfeito uma tal virtude para cuidar dos corpos que, quando tocava com a sua piedosa mão nas chagas dos doentes fazendo nelas o sinal da cruz, curava-os de toda a dor do seu mal.

Salmodia

Enfim, na sua agonia que os prodígios escoltam, realiza os gestos da liturgia monástica e comporta-se como verdadeiro filho de São Bento:

Antes da sua morte verdadeiramente santa, que teve lugar no décimo terceiro dia das calendas de agosto, viu-se no mundo inteiro, no dia da paixão dos Santos Apóstolos Pedro e Paulo, o Sol tomar a aparência da lua nova no seu primeiro quarto e, privado dos seus raios, obscurecer-se e empalidecer por cima dos homens, pela hora sexta do dia. Este fenómeno incomodava de tal forma a vista que as pessoas não se reconheciam logo e era preciso algum tempo antes de o poderem fazer. O que isto pressagiava tornou-se bem conhecido: para nós, miseráveis, nada nos aconteceu além da insuportável dor em que nos deixou a sua morte. Do dia da festa de São Pedro ao da sua mui santa morte contam-se vinte e um dias. Durante estes dias, cantou os santos salmos de David, e meditou na lei do Senhor noite e dia, para que com toda a certeza se lhe pudesse aplicar o que se disse especialmente do nosso santíssimo padre Bento:

«Assíduo cantor de salmos, jamais deixava a lira em repouso. E morreu cantando assiduamente os santos salmos.»

Este homem, mil vezes bem-aventurado, sabia que a livre paz e o repouso aprazível esperam os servidores de Deus quando, livres das agitações do mundo, ascendem à sede segura do porto eterno e entram na imortalidade após a provação da morte. E apressava-se, pelas virtudes que dele mostrámos, a abandonar as tristezas presentes para atingir a alegria eterna. Dizia que tinha muita alegria em sofrer para merecer contemplar o Cristo, nosso Deus. Pronto, por si mesmo, a abandonar este mundo, não deixava de invocar o Senhor Jesus, Senhor da salvação e de todo o bem. Para poder contemplar o invencível poder do Rei eterno, suplicava continuamente pela voz e pelos gestos aos anjos, aos arcanjos e a todos os santos de Deus para virem em seu socorro, fortalecendo-se sempre pelo sinal da santa cruz sobre a testa, olhos, narinas, lábios, garganta, orelhas, em memória da encarnação do Senhor, da sua natividade, da sua paixão, da sua ressurreição, da sua ascensão e da graça do Espírito Santo. Tal foi o seu costume durante a sua vida, ele a quem nunca faltou voluntariamente água benta. E transbordando destas virtudes e de muitas outras, no seu sexagésimo ano, segundo cremos, esperava a morte sem tremer. Agravando-se muito a sua doença devido a uma febre intensa, pediu o viático salutar e benfazejo do corpo e do sangue vivificador de nosso Senhor Jesus Cristo. Depois de o ter recebido, passou ainda um curto momento, depois juntou-se ao Rei dos reis e Senhor dos senhores e, bem-aventurado, acedeu ao reino feliz. Adormeceu, como dissemos, no Senhor ao décimo terceiro dia das calendas de agosto, numa terça-feira pela aurora, no burgo de Melun; foi transportado para Paris e enterrado em Saint-Denis, junto de seu pai, diante do altar da Santíssima Trindade.([5])

Profissão monástica

Contudo, a mais perfeita das penitências individuais, a mais salutar, consistia em «converter-se», em modificar o decurso da sua existência entrando num mosteiro. A maior parte dos monges do Ano Mil haviam sido «oferecidos» a Deus pelos seus pais na sua primeira infância: oblatos, tinham recebido uma formação especial no seio da comunidade, que era deste modo a sua própria escola. Era de facto excepcional que um homem feito, educado para viver no século, decidisse romper com os seus e vestir o hábito de São Bento; tal procedimento suscitava por vezes o escândalo (ver p. 176). Mas difunde-se nesta época, entre os homens de uma certa idade e que se preparam para a morte, o costume de se retirarem do mundo. Muitos, como este «laico e, no entanto, mui religioso» de que fala Raul Glaber

---

([5]) HELGAUD, 17, 21, 22, 23, 27, 29.

(ver pp. 74–75), contentam-se em seguir os ofícios regularmente e fixam-se, para isso, à porta de um mosteiro. Alguns penetram nele e aí professam. A maior parte abandona as armas, corta o cabelo e veste o hábito de frade no seu leito de morte, fazendo ao mosteiro que escolheu uma importante doação. Eis o ato escrito, redigido por ocasião da profissão do visconde de Marselha. Este grande senhor possuía no seu património familiar o bispado desta cidade (seu irmão Pons é então bispo) e a antiga abadia de Saint-Victor, restaurada quarenta anos antes, quando recuava o perigo sarraceno, e foi nela que ele se fez monge.

Por iniciativa da misericórdia de Deus Todo-Poderoso, e com a aprovação da sua benevolente clemência, ele que não deseja a morte do pecador, mas, pelo contrário, que este se converta e viva, eu, Guilherme, visconde de Marselha, jazendo no meu leito, na doença que o mesmo Senhor me enviou, estou rodeado pelos irmãos do mosteiro do bem-aventurado Vítor, a saber, Vilfredo — colocado à frente do dito mosteiro pelo abade de Garnier [*de Psalmodi*] como prior —, e também pelos outros irmãos, e estes, segundo o costume dos servidores de Deus, sugeriram-me que havia chegado para mim o momento de abandonar a milícia secular para militar por Deus. Assim, eu, graças a Deus, tocado pelas suas exortações, sacrifiquei a minha cabeleira e, segundo a regra de São Bento, recebi o hábito monástico. E além daquilo que, no tempo em que gozava de saúde, dera outrora ao dito mosteiro do bem-aventurado mártir Vítor, ou seja, a propriedade de Plan d'Aups com todas as suas dependências e demarcações, agora, cheio de senso e na plena posse da minha memória, para remédio da minha alma, faço doação a Deus Todo-Poderoso e a São Vítor, assim como aos abades e monges que servem no dito lugar, de uma propriedade chamada Campânias, pelo menos de metade desta propriedade, que por um motivo de valorização eu aí possuo, em toda a integridade, sem nenhuma restrição, com as suas dependências e demarcações. Como eu a possuí durante a minha vida, assim a cedo e a dou e transmito, como já disse, a Deus Todo-Poderoso e ao meu senhor São Vítor, que sempre me ajudou em todas as necessidades e que agora pela sua intercessão me faz entrar na milícia sagrada.

[*Seguem-se os limites da vila assim doada, depois as juras cominatórias, a multa fixada elevando-se para o usurpador a duzentas libras de ouro.*]

Esta carta de doação foi estabelecida em Marselha, na cidadela, ano mil e quatro da encarnação do Senhor, a quinze de outubro, no tempo do rei Rodolfo.

[*Seguem-se as assinaturas do doador, de seu filho, o bispo Pons, da família do visconde e de alguns laicos.*](6)

---

(6) Cartulário da Abadia de Saint-Victor de Marselha, editado por B. GUÉRARD, *Collection des Cartulaires de France*, Paris, 1857, tomo VIII, vol. I, pp. 99, 100.

III
A paz de Deus

Mas nos anos que se avizinham do Ano Mil, a cristandade sente que vai transpor inteiramente a passagem. Prepara-se para isso aplicando a si mesma as penitências que os moribundos se impõem. É por isso que vemos todos os ritos de purgação não só se multiplicarem, mas tornarem-se coletivos; são propostos ao conjunto do povo, todo ele culpado e chamado a atravessar num só corpo a provação que desemboca no Reino.

As assembleias de paz

Esta generalização das práticas penitenciais, dos interditos e das renúncias foi o principal motivo das grandes assembleias que, primeiro no Sul da Gália, na vizinhança das cidades demasiado pequenas para as conter na sua totalidade, reuniram então os prelados, os grandes e as multidões populares em redor dos relicários e das relíquias. Tratava-se de fazer cumprir por todos, qualquer que fosse a ordem da sociedade a que pertencessem, regras de vida que até então só eram seguidas nos claustros pelos monges, pelos especialistas das mortificações e da abstinência. Privarem-se em conjunto, renunciarem aos prazeres de que se goza ao comer carne, ao fazer amor, ao manejar ouro, ao combater: era a forma de o povo de Deus conjurar a vingança divina, de constantemente fazer recuar os flagelos, e de se preparar para o dia de cólera. Quando descreve na sua desenvolvida exposição o amplo movimento que fez propagarem-se do Sul ao Norte da Gália tais concílios purificadores, Raul Glaber põe justamente em evidência o laço orgânico que une as duas principais decisões que foram tomadas: agravar as regras do jejum; instaurar a paz de Deus. Duas privações.

Foi então [*no milésimo ano da Paixão do Senhor*] que, primeiro nas regiões da Aquitânia, os bispos, os abades e os outros homens dedicados à santa religião começaram a reunir o povo todo em assembleias para as quais se trouxeram numerosos corpos de santos e inumeráveis relicários cheios de santas relíquias. A partir daí, irradiaram pela província de Arles, depois pela de Lyon; e assim, em toda a Borgonha e até nas regiões mais recuadas de França, foi anunciado em todas as dioceses que em determinados lugares, os prelados e os grandes de todo o país iam reunir assembleias para o restabelecimento da paz e para a instituição da santa fé. Quando a notícia destas assembleias foi conhecida por toda a população, os grandes, os médios e os pequenos para elas se dirigiram, cheios de alegria, unanimemente dispostos a executar tudo o que fosse prescrito pelos pastores da Igreja; uma voz vinda do Céu e falando aos homens sobre a terra não teria obtido melhor resultado. Porque todos estavam sob o efeito do terror das calamidades da época precedente e atormentados pelo receio de que lhes fossem retiradas no futuro as doçuras da abundância.

Um documento, dividido em capítulos, continha simultaneamente o que era proibido fazer e os compromissos sagrados que se decidira tomar para com o Deus Todo-Poderoso. A mais importante destas promessas era a de observar uma paz inviolável; os homens de todas as condições, qualquer que fosse o delito que tivessem cometido, deviam doravante poder andar sem receio e sem armas. O ladrão ou aquele que tivesse invadido a propriedade de outrem seria submetido ao rigor de uma pena corporal. Aos lugares sagrados de todas as igrejas devia caber tanta honra e reverência que, se um homem punível por falta aí se refugiasse, não sofreria nenhum dano, a não ser que tivesse violado o dito pacto de paz; seria então agarrado, retirado do altar e deveria sofrer a pena prescrita. E quem atravessasse uma região na companhia de clérigos, monges ou monjas não deveria sofrer violência de ninguém.

Tomaram-se nestas assembleias muitas decisões que queremos ir narrando. Facto digno de memória, toda a gente esteve de acordo para daí em diante santificar em cada semana a sexta-feira, abstendo-se do vinho, e o sábado, privando-se da carne, salvo nos casos de doença grave ou se nesses dias houvesse uma grande solenidade; se, por qualquer circunstância, fosse necessário afrouxar um pouco esta regra, devia-se então alimentar três pobres.([7])

([7]) RAUL GLABER, *Histórias*, IV, 5.

A cronologia das assembleias para a restauração da paz é na verdade muito mais extensa do que parece ao ler-se Raul Glaber. As primeiras deram-se em 989–990, simultaneamente em Charroux, no Poitou, e em Narbona; outras reuniram-se na Aquitânia e na antiga Gothie, até ao Ano Mil. Depois, por volta de 1023, o movimento atingiu, pelo vale do Ródano e do Saona, a França do Norte; conheceu uma nova expansão nos anos de 1027–1041, um pouco por toda a Gália, mas sobretudo nas províncias meridionais. Ordenado efetivamente à volta dos dois milénios, não se propagou no Império, cujo soberano ainda era pessoalmente capaz de manter a ordem e a justiça. De facto foi a impotência do rei de França que levou a Igreja, e em primeiro lugar nas regiões do reino onde a degradação da autoridade monárquica fora mais precoce, a assumir ela própria a missão pacificadora que Deus outrora confiara ao soberano.

O juramento da paz

A restauração da paz foi concebida como um pacto destinado a conter a turbulência de uma das três ordens da sociedade, a dos homens de guerra. Os cavaleiros, em cada província, tiveram de jurar, com a mão sobre as relíquias, conter a sua agressividade dentro de limites precisos. Eis o texto do juramento estabelecido pelo bispo de Beauvais, Guérin, em 1023–1025:

Por forma alguma invadirei uma igreja. Em razão da sua salvaguarda, também não invadirei os celeiros que estão nos limites de uma igreja, exceto se um malfeitor tiver infringido esta paz, ou em virtude de um homicídio ou da captura de um homem ou de um cavalo. Mas se por estes motivos eu invadir os ditos celeiros, nada levarei comigo, com conhecimento de causa, a não ser o malfeitor ou o seu equipamento.

Não atacarei o clérigo nem o monge se não trouxerem as armas do mundo, nem aquele que caminha com eles sem lança nem escudo; não tomarei o seu cavalo, salvo em caso de flagrante delito que me autorize a fazê-lo, ou a menos que tenham recusado reparar a sua falta num prazo de quinze dias depois do meu aviso.

Não tomarei o boi, a vaca, o porco, o carneiro, o cordeiro, a cabra, o burro, o feixe que ele traga, a égua e o seu potro não adestrado. Não prenderei o camponês nem a camponesa, os sargentos ou os mercadores, nem ficarei com os seus dinheiros; não os obrigarei a resgate; não os arruinarei, tomando-lhes os seus haveres sob o pretexto da guerra do seu senhor, e não os chicotearei para lhes retirar a sua subsistência.

Desde as calendas de março até ao dia de Todos-os-Santos, não despojarei ninguém do mulo ou da mula, do cavalo ou da égua e do potro que estão na pastagem, salvo se os encontrar a causarem-me danos.

Não incendiarei nem destruirei as casas, a não ser que nelas encontre um cavaleiro meu inimigo, ou um ladrão; a menos também que estejam adjuntas a um castelo que seja mesmo um castelo.

Não cortarei, nem arrancarei, nem vindimarei as vinhas de outrém, com o pretexto da guerra, a não ser que estejam na terra que é e deve ser minha. Não destruirei os moinhos e não roubarei o trigo que neles se encontre, salvo quando estiver em cavalgada ou em expedição militar pública, e se for na minha própria terra.

Não concederei, com conhecimento de causa, nem apoio, nem proteção ao ladrão público e provado, nem a ele nem ao seu empreendimento de banditismo. Quanto ao homem que conscientemente vier a infrigir esta paz, deixarei de o proteger logo que o souber; e se agiu inconscientemente e vier a recorrer à minha proteção, ou farei reparação por ele, ou obrigá-lo-ei a fazê-la no prazo de quinze dias, no fim dos quais estarei autorizado a pedir-lhe contas ou a retirar-lhe a minha proteção.

Não atacarei o mercador nem o peregrino e não os despojarei dos seus bens, salvo se cometerem uma má ação. Não matarei o gado dos camponeses, a não ser para minha alimentação e da minha escolta.

Não capturarei o camponês e não lhe retirarei a sua subsistência por instigação pérfida do seu senhor.

Não atacarei as mulheres nobres, nem os que circularem com elas, na ausência de seus maridos, a não ser que a encontre cometendo alguma má ação contra mim pela sua atitude; observarei o mesmo comportamento para com as viúvas e as monjas.

Também não despojarei aqueles que transportam o vinho em carroças, e não ficarei com os seus bois. Não prenderei os caçadores, os seus cavalos e cães, exceto no caso de me serem nocivos, a mim ou a todos aqueles que tomaram o mesmo compromisso e o observam para comigo.

Excluo as terras que são do meu alódio e do meu feudo, ou que me pertencem com isenção de direitos, ou que estão sob a minha proteção, ou que me dizem respeito. Excetuo ainda os casos em que construirei ou cercarei um castelo, os casos em que estarei no exército do rei e dos nossos bispos ou em cavalgada. Mas mesmo então, apenas exigirei o que for necessário para a minha subsistência e nada trarei comigo senão os ferros dos meus cavalos. No exército, não violarei a imunidade das igrejas, a não ser que elas me interditem a compra e o transporte de víveres.

Desde o começo da Quaresma até à Páscoa, não atacarei o cavaleiro que não use as armas do mundo e não lhe retirarei a subsistência que tiver consigo. Se um camponês fizer mal a um outro camponês ou a um cavaleiro, esperarei quinze dias; depois, se ele não tiver feito reparação, prendê-lo-ei, mas só tomarei de seus haveres o que está legalmente fixado.([8])

De facto, trata-se de proteger a ordem daqueles que rezam e a ordem dos que trabalham, mais especificamente os pobres e todas as pessoas desarmadas, contra as pilhagens e os assaltos dos especialistas da guerra, e, portanto, de manter a segurança pública do mesmo modo que outrora o faziam os reis. Todavia, estes juramentos contêm algumas disposições que levam um pouco mais longe a intenção pacífica. Limitam com mais rigor certas atividades militares durante a Quaresma e fornecem a prova de que, nesta época de penitência, alguns cavaleiros depunham as suas armas e renunciavam às alegrias do combate por vontade de purificação pessoal.

([8]) PFISTER, C., *Études sur le règne de Robert le Pieux*, Paris, 1885, pp. 60, 61.

A trégua de Deus

Com efeito, pouco a pouco, às simples recomendações da paz substitui-se um compromisso completamente diferente, que não procurava apenas delimitar áreas de proteção contra as violências da guerra, mas que estabelecia uma suspensão geral de todas as hostilidades durante os períodos mais santos do calendário litúrgico. Esta abstinência, a trégua de Deus, foi proposta à cavalaria como a forma de ascese mais conveniente ao seu estado:

Aconteceu nesse tempo [*em 1041, diz Glaber, mas na verdade um pouco mais cedo*] que, sob inspiração da graça divina, e em primeiro lugar na região da Aquitânia, e depois, pouco a pouco, em todo o território da Gália, se concluiu um pacto simultaneamente por medo e por amor de Deus. Proibia a qualquer mortal, de quarta-feira à noite até à madrugada da segunda-feira seguinte, ser suficientemente temerário para ousar tomar pela força o que quer que fosse de alguém, ou para se vingar de algum inimigo, ou mesmo para se apoderar das garantias do fiador de um contrato. Aquele que não respeitasse esta medida pública, ou pagaria essa transgressão com a sua vida, ou seria banido da sua pátria e excluído da comunidade cristã. Este facto foi, com o agrado de todos, chamado, em língua vulgar, a trégua de Deus. Com efeito, esta trégua não gozava apenas do apoio dos homens, mas foi ainda e muitas vezes retificada por temíveis sinais divinos. Porque a maior parte dos loucos — que na sua audaciosa temeridade não recearam infringir este pacto — foram castigados sem demora, quer pela cólera vingadora de Deus, quer pelo gládio dos homens. E isto aconteceu por todo o lado e tão frequentemente que o grande número de exemplos impede de os citar um por um; além disso, tratou-se apenas de justiça. Porque se o domingo é tido por venerável em lembrança da ressurreição do Senhor — também se chama a esse dia o oitavo —, do mesmo modo o quinto, o sexto e o sétimo dias da semana, em lembrança da Ceia e da Paixão do Senhor, devem ser dias santos e isentos de atos de iniquidade.([9])

([9]) Raul Glaber, *Histórias*, V, 1.

IV
As peregrinações coletivas

Deve-se situar dentro das mesmas perspectivas o desenvolvimento concomitante das peregrinações coletivas. Nos anos que precederam o Ano Mil cresceu, entre os maiores senhores do reino de França, o hábito de partir para longe, visitar um lugar santo com os seus amigos, os seus padres e os seus vassalos. Impunham a si mesmos uma penitência salutar e simultaneamente asseguravam os favores das personagens invisíveis e formidáveis cuja sepultura iam saudar. A isso acrescentavam-se as alegrias de uma viagem em grupo. Assim, o duque Guilherme da Aquitânia desde a sua juventude tinha por costume dirigir-se todos os anos a Roma, ao túmulo dos Apóstolos; nos anos em que não ia a Roma, fazia, em compensação, uma viagem de devoção a Santiago da Galiza.

Para Jerusalém

A conversão do príncipe dos Húngaros no Ano Mil abateu um dos obstáculos que obstruíam o caminho de Jerusalém,

Na mesma época, o povo dos Húngaros, que vivia nos arredores do Danúbio, voltou-se com o seu rei para a fé de Cristo. Este rei, batizado com o nome de Estêvão, dedicou-se inteiramente a ser cristão; o imperador Henrique deu-lhe a sua irmã em casamento. Nesta época, quase todos os que, de Itália e da Gália, desejavam dirigir-se ao Sepulcro do Senhor em Jerusalém, começaram a abandonar a habitual estrada que atravessava os estreitos do mar e a passar pelo país deste rei. Este forneceu-lhes a todos uma estrada das mais seguras; acolhia como irmãos todos os que via, e oferecia-lhes enormes presentes. Estes modos incitaram uma imensa multidão, tanto de nobres como de pessoas do povo, a partir para Jerusalém.([10])

([10]) *Ibid.*, 1.

Nos anos que se seguiram, e especialmente depois da destruição do Santo Sepulcro, que foi rapidamente reconstruído, Jerusalém tornou-se, com Roma e Santiago de Compostela, o fim das mais exaltantes e mais salutares peregrinações. A voga que desde então conheceu a viagem à Terra Santa impressionou os contemporâneos.

Naquele tempo [*1026*], Guilherme, conde de Angolema, passou pela Baviera, em direção ao Sepulcro do Senhor. Ia acompanhado por Eude de Burges, senhor de Déols, por Ricardo, abade de Verdum, por Ricardo, abade de Saint-Cybard de Angolema, pelo seu prior e conselheiro, Giraut Fanesin, por Amfroi, que depois foi abade, e por uma grande corte de nobres. Estêvão, rei da Hungria, acolheu-o com as maiores honras e encheu-o de presentes. Pôs-se a caminho no primeiro dia de outubro, chegou à Cidade Santa na primeira semana do mês de março, e voltou para junto dos seus na terceira semana de junho. No regresso, passou por Limoges, onde a multidão de monges de Saint-Martial veio ao seu encontro e o recebeu com grande pompa. Melhor ainda, desde que a notícia da sua chegada alcançou Angolema, todos os senhores não só de Angoumois, mas ainda de Poitou e de Saintonge, e as pessoas de todas as idades e de todos os sexos acorreram ao seu encontro, cheios de alegria, para o contemplar. O clero do mosteiro de Saint-Cybard, de veste branca e usando diversos ornamentos, acompanhado por uma grande multidão de povo, de clérigos, de cónegos, avançou alegremente ao seu encontro até à distância de uma milha fora das muralhas da cidade, ao som de laudas e antífonas. E todos, lançando aos mais altos céus os gritos do *Te Deum laudamus*, fizeram-lhe cortejo como é costume. Foi então que ele escolheu o monge Amfroi, que se encontrava com ele, para abade da basílica de Saint-Cybard. O abade Ricardo, com efeito, morrera na viagem, em Salembria, cidade da Grécia aquém de Constantinopla, e aí fora enterrado na véspera da Epifania. O novo abade foi ordenado pelo bispo de Rohon, na presença do próprio conde, do abade de Saint-Martial Ulrique, condignamente rodeado pelos seus monges, pelos abades das proximidades e pela alta nobreza dos senhores. [...] No regresso de Jerusalém, Guilherme dera o bom exemplo a muitos senhores nobres, a pessoas da classe média e a pobres. De facto, rapidamente Isamberto, bispo de Poitiers, Jordão, bispo de Limoges, e o conde [*de Anjou*] Foulque, e ainda muitos outros altos barões e uma imensa multidão de pessoas das classes médias, pobres e ricos, tomaram o caminho de Jerusalém.[11]

O grande entusiasmo

Mas é em 1033, milénio da Paixão, que Raul Glaber situa, na sua narrativa, o apogeu da «santa viagem». Ele sabe igualmente frisar a significação profunda da peregrinação: ela é preparação para a morte; ela é promessa de salvação. E o peregrino que abandona a sua casa, que rompe com os da sua linhagem, que se despoja de todas as proteções, que se liberta de todos os tipos de afeto, tal como o rei Roberto nos meses que precederam a sua morte, já partiu de facto para o além. A sua verdadeira esperança é encontrar a morte no caminho.

Na mesma época, uma numerosa multidão vinda do mundo inteiro começou a dirigir-se para o Sepulcro do Salvador em Jerusalém; ninguém antes poderia ter previsto uma tal afluência. Primeiramente foram as pessoas das classes inferiores, depois as do povo médio, depois as mais altas personagens, reis, condes, marqueses, prelados; por último, coisa jamais vista, muitas mulheres, as mais nobres com as mais pobres, para ali se dirigiram. A maior parte tinha o desejo de morrer antes de regressar ao seu país. Um tal Liébaut, originário da Borgonha, da diocese de Aulun, que viajava com os outros, ali chegou também. Depois de ter contemplado estes lugares sagrados entre todos, passou por esse monte das Oliveiras, do qual o Salvador, à vista de tantas testemunhas dignas de fé, se elevou para os céus, de onde prometeu voltar para julgar os vivos e os mortos; os braços em cruz, prostrado no chão, chorando, sentia-se maravilhado no Senhor de uma alegria interior indizível. Endireitava-se, por momentos, elevava as mãos ao céu, esticava com todas as suas forças o corpo para o alto e mostrava o desejo do seu coração por estas palavras:

---

[11] ADÉMAR DE CHABANNES, *Crónica*, III, 68.

«Senhor Jesus, que por nossa causa te dignaste descer do assento da tua majestade sobre a terra para salvar o género humano, e que, deste lugar que vejo com os meus olhos, subiste com a tua veste carnal ao céu de onde tinhas vindo, suplico à tua bondade toda-poderosa que permitas que, se a minha alma deve este ano emigrar do meu corpo, já eu não saia daqui; mas que isso me aconteça com vista para o lugar da tua ascensão. De facto, como te segui com o meu corpo ao vir até aqui, assim creio que a minha alma te seguirá, entrando sã, salva e alegre no Paraíso.»

Após esta oração, regressou com os seus companheiros ao seu abrigo. Era então a hora da refeição. Mas, enquanto os outros se sentavam à mesa, alcançou a sua cama com um ar feliz, como se, sob o efeito de um pesado sono, fosse tomar algum repouso; adormeceu imediatamente e não se sabe o que viu. Mas logo que adormeceu, exclamou: «Glória a ti, Deus! Glória a ti, Deus!»

Os seus companheiros, ouvindo-o, chamavam-no para se levantar e comer com eles. Recusou e, virando-se para o outro lado, declarou que não se sentia bem; permaneceu deitado até à noite, chamou os seus companheiros de viagem, pediu e recebeu o viático da Eucaristia vivificante; depois saudou-os com doçura e entregou a alma.

Este homem estava evidentemente isento dos sentimentos de vaidade que fazem tantas pessoas empreender esta viagem, unicamente desejosas de se ornamentarem com o título prestigioso de peregrinos de Jerusalém; com fé, pediu em nome do Senhor Jesus para se aproximar do Pai, e foi favoravelmente acolhido. No regresso, os seus companheiros narraram-nos este acontecimento quando nos encontrávamos no mosteiro de Bèze.

Peregrinação e escatologia

Contudo, Raul Glaber estabelece uma relação essencial entre a pulsão misteriosa que leva os povos do Ocidente a iniciarem a peregrinação em direção ao lugar da Paixão e a aproximação do fim dos tempos. Para ele, trata-se mais uma vez de um presságio:

Muitas pessoas foram consultar certos homens, os mais perturbados desse tempo, sobre o significado de tão grande afluência de povo a Jerusalém, pois tal nunca se vira nos séculos precedentes; responderam, pesando as palavras, que isso era apenas o presságio da vinda desse miserável Anticristo que, de acordo com o testemunho da autoridade divina, se deve esperar ver surgir com a aproximação do fim deste mundo. Todas estas nações preparavam a estrada do Oriente, por onde ele deve chegar, porque todas as nações devem então caminhar diretamente ao seu encontro. E assim se cumpriria na verdade a profecia do Senhor segundo a qual até os eleitos, se tal for possível, cairão então na tentação. Ficaremos por aqui sobre este assunto, sem de resto negar que os piedosos esforços dos fiéis lhes valerão receber do justo Juiz a recompensa e o salário.([12])

Com efeito, pensava-se que o tempo das tribulações começaria quando o último imperador, liderando todo o povo de Deus, viesse depor no Gólgota as insígnias do seu poder. Mas as multidões de peregrinos esperavam evidentemente alcançar, para lá da Jerusalém carnal, a Cidade de Deus.

([12]) RAUL GLABER, *Histórias*, IV, 6.

SÉTIMA PARTE
A nova aliança

I
A primavera do mundo

Para os historiadores que começaram a trabalhar a seguir ao milénio da Paixão, os juramentos de paz, as peregrinações, todas as medidas de purificação coletiva tinham atingido o seu objetivo. Podia-se ver as forças do mal recuar em desordem. A cólera de Deus acalmava-se. Ele aceitava concluir um novo contrato com o género humano. Cumpridos os mil anos, após a passagem dos flagelos, era como se a cristandade saísse de um novo batismo. Ao caos sucedia a ordem. O que se segue ao Ano Mil é uma nova primavera do mundo.
Numa das mais belas páginas das suas Histórias, *Raul Glaber evoca a alegria do universo, em 1033, depois da terrível fome e enquanto se desenvolve o movimento para a paz de Deus.*

No ano milésimo depois da Paixão do Senhor, após a dita fome desastrosa, as chuvas das nuvens acalmaram-se, obedecendo à bondade e à misericórdia divinas. O céu começou a rir, a clarear, e animou-se de ventos favoráveis. Pela sua serenidade e paz, mostrava a magnanimidade do Criador. A superfície toda da terra cobriu-se de uma amável verdura e de uma abundância de frutos que expulsou completamente a privação [...]. Inúmeros doentes readquiriram a saúde nessas reuniões onde se tinham levado tantos santos. E, para que ninguém os confundisse com fantasmas, aconteceu muitas vezes que no momento em que braços ou pernas torcidos retomavam a sua primitiva retidão, se visse a pele rasgar-se, a carne abrir-se e o sangue correr aos borbotões: isto para que fosse dado crédito aos casos nos quais a dúvida podia subsistir. O entusiasmo era tão ardente que os assistentes elevavam as mãos a Deus exclamando em uníssono: «Paz! Paz! Paz!» Viam o sinal do pacto definitivo, da promessa estabelecida entre eles e Deus. Além disso, estava assente que passados cinco anos, para consolidar a paz, todos renovariam no mundo inteiro estas manifestações com um esplendor maravilhoso. Todavia, neste mesmo ano, o trigo, o vinho e os outros frutos da terra foram em tal abundância que não se poderia esperar uma quantidade semelhante para o conjunto dos cinco anos seguintes. Qualquer alimento bom para o homem, fora a carne e as iguarias delicadas, nada mais valia; era como no antigo tempo do grande jubileu moisaico. No segundo, no terceiro e no quarto anos, a produção não foi menor.([1])

O mal não estava evidentemente vencido; os homens não escapavam às tentações; podemos vê-los voltar já a cair na desordem. Mas multiplicam-se os sinais de uma nova aliança e do influxo juvenil que ela comunica a toda a criação. As garantias do perdão divino situam-se, evidentemente, na ordem dos acontecimentos espirituais. São munições completamente novas fornecidas à humanidade para a ajudar na sua grande aventura, o caminho para a Terra Prometida.

([1]) RAUL GLABER, *Histórias*, IV, 5.

II
A reforma da igreja

Os prelados reformadores

Assim aparece em primeiro lugar o renovar de pureza que a reforma introduz então na Igreja e, mais precisamente, nas suas vanguardas, ou seja, nos capítulos dos cónegos, nas comunidades de clérigos reunidos em torno de um bispo, e, mais vigorosamente ainda, na instituição monástica. Os empreendimentos reformadores começaram muito cedo, muito antes do Ano Mil. O arcebispo de Reims, Adalberão, apoiava-os já nos anos setenta do século X:

Ordenou aos cónegos que viviam em casas particulares, e que apenas tratavam dos seus assuntos pessoais, que vivessem em comunidade. Juntou à catedral um claustro onde deviam residir e habitar em conjunto, bem como um dormitório para repousarem à noite no silêncio, e um refeitório para se restaurarem a uma mesa comum. Prescreveu-lhes por regulamento que nada pedissem na igreja, no tempo da oração, senão por sinais, salvo em caso de necessidade premente; que tomassem a sua alimentação em conjunto sem falar; que cantassem, depois da refeição, em ação de graças, os louvores de Deus; que de forma nenhuma violassem o silêncio desde o fim das completas até às laudes das matinas; e que então, acordados pelo toque do relógio, rivalizassem à pressa para cumprirem as laudes. A liberdade de abandonar o claustro não era concedida a ninguém antes da hora de prima, exceto àqueles que se ocupavam dos assuntos comuns. E para que nenhum, por ignorância, deixasse alguma coisa do que tinha a fazer, impôs-lhes a recitação quotidiana da regra de Santo Agostinho e dos decretos dos Padres.

Quanto aos costumes dos monges, não temos palavras suficientes para descrever a predileção e o zelo que mostrou a corrigi-los e a torná-los distintos dos comportamentos do século. Não apenas velou para que se fizessem notar pela dignidade da sua vida religiosa, como ainda teve o cuidado de evitar a sua minoração aumentando-lhes os bens temporais. Manifestando a todos o seu amor, tinha um particular afeto pelos monges de Saint-Remi, patrono dos Francos. Dirigiu-se a Roma, desejoso de mandar estabelecer para o futuro a posse dos bens destes monges. Por ser um homem nobre, poderoso, com reputação de uma vida excelente, foi acolhido com grande reverência pelo papa João de santa memória.

[*Num sínodo*] apresentou uma queixa muito grave contra a vida religiosa dos monges: as regras estabelecidas pelos antigos eram violadas e deformadas por alguns. Na presença dos bispos, decidiu mandar vir os abades de diferentes lugares e requerer o seu conselho. O tempo e o lugar para isso foram em breve estabelecidos e o sínodo separou-se.

Veio, então, esse tempo: os abades vindos de diversos lugares reuniram-se, e deles se instituiu primeiro e primaz Raul, homem de santa memória, abade do mosteiro de Saint-Remi. Presidiu e obteve a dignidade de ser o primeiro; os outros dispuseram-se em círculo; quanto ao metropolita, sentou-se à sua frente na sua cátedra. A pedido do presidente e dos outros padres, tomou a palavra e disse o seguinte:

«É necessário, santíssimos padres, que os bons se reúnam, se estiverem preocupados em recolher os frutos da virtude. Servem assim os bons e as vias honestas. Em contrapartida, é pernicioso que os maus se juntem para procurar e fazer coisas proibidas. É por isso que vos exorto, vós que vejo reunidos em nome de Deus, a buscarem o melhor, e convido-vos a nada empreenderem por maldade. Que o amor do século e o ódio não tenham lugar entre vós, porque enfraquecem a justiça e abafam a equidade. A antiga disciplina da vossa ordem desviou-se da sua pureza tradicional de uma maneira excessiva, o facto é notório. Vós nem sequer estais de acordo entre vós para a aplicação da regra, cada um querendo e pensando de um modo diferente. Eis a razão pela qual até agora a vossa santidade muito sofreu. Assim, julguei útil, visto que estais aqui reunidos pela graça de Deus, persuadir-vos a querer, a pensar e a agir em conjunto, a fim de que uma vontade única, um só pensamento, uma cooperação semelhante restabeleçam a virtude esquecida e expulsem com rigor a ignomínia do vício».[2]

---

[2] Richer, *Histoire de France*, III, 24, 25 e 31–33.

Que cada um permaneça na sua ordem

Do mesmo modo, no Ano Mil, o imperador Otão III:

Por sugestão do papa e de várias outras pessoas ciosas dos interesses da religião na casa de Deus, ele pensou em expulsar certos monges da igreja de Saint-Paul; monges que de monges só tinham o nome, portando-se quanto ao resto muito mal. Seguindo os mesmos conselhos, ia em seu lugar assegurar o serviço divino através de religiosos de uma outra instituição, daqueles a que chamamos cónegos. E dispunha-se a mandar executar a sua decisão quando numa noite lhe apareceu em visões o bem-aventurado apóstolo Paulo, que quis dirigir ao imperador estas advertências:

«Se na verdade», disse ele, «desejas ardentemente fazer o que é melhor para o serviço de Deus, zela por não ires até ao ponto de mudar a regra desta igreja expulsando estes monges. Não é de modo nenhum conveniente para uma ordem religiosa, mesmo se está parcialmente depravada, condenar para sempre ou alterar a sua própria regra. Cada um deve ser julgado na ordem em que inicialmente fez votos de servir a Deus. A cada um deve ser permitido emendar-se, se está corrompido, mas que seja nos limites escolhidos pela sua própria vocação.»

Provido de tais conselhos, o imperador repetiu aos seus o que lhe havia dito o apóstolo e cuidou de tentar reformar esta regra, quer dizer, a dos monges, e não expulsá-los ou mudá-los.([3])

Saint-Victor de Marselha

A abadia de Saint-Victor em Marselha fora abandonada nos séculos IX e X porque, situada fora das muralhas, estava demasiado exposta às incursões dos piratas sarracenos; a sua fortuna fundira--se com a do bispado, à qual se incorporava a herança dos viscondes da cidade. Por volta de 970, a comunidade foi reconstituída

---

([3]) RAUL GLABER, *Histórias*, I, 4.

e submetida à regra de São Bento. O bispo, em 1005, completa a reforma isentando o mosteiro de qualquer ingerência externa tal como estava o de Cluny desde a sua fundação. No século XI, Saint- -Victor deveria ficar à cabeça de uma congregação que se estendia desde a Sardenha até à Catalunha.

Das páginas dos nossos livros santos depreende-se uma certeza, a saber que — depois da vinda e gloriosa ascensão de nosso Senhor e Salvador, antes de o colégio daqueles que estavam em Jerusalém se dispersar e de cada um dos seus membros se dirigir para as diferentes regiões do mundo para, com a assistência do Espírito Santo, pregar a glória do seu nome e divulgar o seu conhecimento — a multidão dos crentes formava um só coração e uma única alma. Nenhum daqueles que possuía alguma coisa a dizia sua. Tudo era comum entre eles. Nenhum deles sofria necessidades. Todos os proprietários vendiam os seus campos ou as suas casas e traziam o seu valor aos pés dos apóstolos. Este dinheiro era dividido por cada um segundo as suas necessidades [*Atos dos Apóstolos, IV, 32–35*]. Eis o que explica ter havido em Jerusalém uma tal multidão de crentes, enquanto hoje é bem difícil encontrá-los, e tão poucos, nos mosteiros.

Graças à pregação dos apóstolos, a nuca de todas as nações foi submetida ao jugo do Senhor, o que explica este número infinito de crentes. Mas desde o instante em que os santos apóstolos, pela glória do martírio, deixaram este mundo, esta santa comunhão e instituição apostólica começou pouco a pouco a amolecer. O espírito de alguns dos que tinham recebido a doutrina dos bem-aventurados apóstolos inflamava-se. Isolando-se, começaram a habitar em conjunto. Para os designar, atribuíram-lhes uma palavra grega, cenobitas, o que significa a vida em comum. Os mosteiros têm aí a sua origem.

Segundo esta fórmula cenobítica, houve nas fronteiras do nosso país, na Provença, um mosteiro célebre, situado não longe das muralhas da cidade de Marselha. Santificado pelo corpo do prestigioso mártir Vítor, exaltado pelas numerosas dádivas e privilégios do glorioso imperador Carlos [*Magno*], permaneceu muito tempo nesta perfeição, estável e regular.

Depois de muitos anos, como este excelente príncipe tinha abandonado o mundo, e o Deus Todo-Poderoso queria castigar o povo cristão pelo flagelo dos pagãos, as tribos bárbaras invadiram a Provença e, expandindo-se por toda a parte, estabeleceram-se poderosamente; habitando lugares fortificados, devastaram tudo, destruindo igrejas e numerosos mosteiros. Assim, lugares outrora opulentos foram reduzidos a ruínas, e o que tinha sido habitat humano tornou-se covil de feras.

Aconteceu, portanto, que este mosteiro, outrora o maior e o mais famoso de toda a Provença, foi arrasado e reduzido a nada, até que o senhor Guilherme e o senhor Honorato, bispo da dita cidade, e o seu irmão, o visconde Guilherme, e o filho deste, o senhor Pons, bispo que sucedeu no episcopado ao seu tio, empreendessem a sua restauração. Estes últimos não só tornaram a dar ao mosteiro alguma coisa do que lhe pertencera, como ainda lhe doaram com liberalidade as suas próprias possessões, para salvação das suas almas e, tendo nele reunido alguns monges, aí consagraram um abade.

Por consequência, eu, Pons, por ordenação divina pontífice da igreja de Marselha, inflamado pelo fogo do amor divino e ardendo deste mesmo amor pelo gloriosíssimo e preciosíssimo monsenhor, o mui bem-aventurado mártir Vítor, a fim de que o seu mosteiro, onde o seu santo e venerável corpo repousa, permaneça para os séculos vindouros na estabilidade e intacto sem nenhuma interrupção ou diminuição, para que a nossa obra de doação, restituição e crescimento permaneça indissolúvel, firme e estável para sempre (quer a nossa, quer a dos nossos predecessores acima citados), de acordo com o senhor Rodolfo, rei dos Alamanos e da Provença, em conivência com o Senhor Apostólico [*João XVIII*] papa da cidade de Roma e por sua ordem, de acordo com a vontade do senhor conde Roubauld e da senhora condessa Adélaïs, do senhor conde Guilherme seu filho, dando igualmente o seu consentimento o clero e o povo da Santa Igreja de Marselha, [*eu, Pons*] mando redigir esta carta de confirmação, de liberalidade e de doação ao Senhor Todo-Poderoso e a seu mártir São Vítor, assim como aos abades e aos monges, tanto do presente como do futuro, para que, a partir deste dia, o mosteiro não caia nas mãos de qualquer pessoa, salvo por motivo de defesa, mas que pertença, como acontece com os outros mosteiros regulares edificados em honra de Deus Todo-Poderoso e de seus santos, aos abades e aos monges que escolheram viver segundo a ordem de São Bento e segundo os santos cânones.

Que nenhum bispo, que ninguém, pertencendo seja a que ordem for, tanto clérigos como laicos, ouse retirar ao mosteiro ou aos abades e monges qualquer possessão ou terra que este mosteiro possua presentemente ou que possa adquirir mais tarde. Isto para que abades e monges, tanto presentes como futuros, possam servir a Deus na paz e na segurança, na independência em relação à vontade de todos os homens, e que possam oferecer as suas orações por todos nós, os fundadores já citados, bem como para a salvação de todos os cristãos vivos e mortos.

Que se uma potência inimiga vier a erguer-se contra São Vítor e o seu mosteiro e quiser atentar contra a nossa obra e contra esta instituição fundada para remédio das nossas almas, ou atacar este privilégio que, de acordo com o preceito real e sob ordem do poder apostólico, bem como de todas as autoridades atrás referidas, ou se esforçar por não cumprir este privilégio e falsear a obra de nossas mãos, quer seja um bispo, um abade, ou qualquer outra pessoa, pelo único facto de querer desviar uma dádiva destinada ao mosteiro, nós fixamos por escrito que este seja considerado anátema, maranata, que seja anátema para dar e anátema para receber, quer dizer, tanto aquele que dá como aquele que recebe, segundo os santos cânones. E que seja excomungado e maldito, e que permaneça na abominação do Pai e do Filho e do Espírito Santo, e também de monsenhor o papa da Sé Apostólica Romana, e de todas as ordens da Santa Igreja Católica de Deus, dos bispos, dos padres, dos diáconos e de todos aqueles que têm este poder de unir e desunir. E que sejam amaldiçoados no fundo do inferno, com Judas o traidor, com Ário e Sabélio, e com todos os heréticos e os infiéis a Deus, tanto os que fizerem como os que consentirem no facto.

A mim, Pons, bispo, e a meus irmãos, monsenhor Guilherme e monsenhor Foulque, agrada também incluir isto: de tudo o que, por herança do nosso pai ou da nossa mãe e dos nossos parentes, tenha sido ou venha a ser dado a este mosteiro por nosso pai e por nossos parentes ou por nós, se alguma autoridade, seja ela um bispo ou uma pessoa de qualquer outra ordem, quiser retirar ou roubar alguma coisa a este mesmo mosteiro ou a estes mesmos abades e monges, que a sua reivindicação não seja válida. Se isso acontecer, que os nossos herdeiros e sucessores tenham poder suficiente para retomar e recuperar o que alguém tenha querido retirar ou roubar.

O abade e os monges do dito mosteiro têm todo o poder para interpelar, no que diz respeito às disposições precedentes, os que tenham querido atentar contra o presente ato escrito, perante qualquer cúria real ou perante o Senhor Apostólico de Roma, e forçá-los a pagar uma multa de quinhentas libras de ouro, permanecendo este escrito, na sua forma precedente, de novo firme e estável.

Esta carta foi escrita no ano mil e cinco da encarnação, sendo Rodolfo rei dos Alamanos e da Provença, e João pela graça de Deus papa da Igreja Apostólica.

[*Seguem-se as assinaturas de:*] Roubauld, conde de Provença; de Pons, bispo de Marselha; de Adélaïs, mãe de Roubauld; de seu filho Guilherme; de Guilherme, conde de Toulouse; de Ermengarda, mulher do conde Roubauld; de Garnier, abade de Psalmodi; de Vilfredo, que, se bem que indigno, é chamado abade do dito mosteiro; de Archinricus, abade de Montmajour; de Rado, bispo; de Elmerad, bispo de Riez; de Pons, arcebispo de Aries; de Paton, abade [*de Saint--Gervais, em Fos-sur-Mer*]; de Deodato, André, Massilius [*cónegos de Marselha*], Hugo; de Guilherme, de Lambert e de Radalde; de Amalrique, arcebispo de Aix-en-Provence; do senhor Franco.([4])

Cluny

Todavia, é então em Cluny, flor no Ano Mil da ordem beneditina, exemplo de pureza, fermento de dinamismo, que brota com o maior vigor a seiva de regeneração.

Enfim a regra de [*São Bento*], quase completamente caída em desuso, encontrou, graças a Deus, para retomar um novo vigor e expandir-se em numerosos ramos, um asilo de sabedoria, o mosteiro

---

([4]) Cartulário da Abadia de Saint-Victor de Marselha, editado por B. GUÉRARD, na *Collection des Cartulaires de France, op.cit.*, tomo VIII, vol. I, pp. 18–22.

chamado Cluny. Este estabelecimento recebe o seu nome da sua localização inclinada e modesta, ou talvez, o que lhe conviria melhor, da palavra *cluere*, porque dizemos *cluere* com o significado de «aumentar». E de facto, desde as suas origens, desenvolveu-se brilhantemente, de dia para dia, graças a diversos dons. Foi primitivamente construído pelo pai dos monges do mosteiro de Baume, acima citado, que se chamava Bernon, por ordem de Guilherme, o mui piedoso bispo de Aquitânia, no condado Mâcon, à beira do pequeno rio Grosne. Este convento, segundo dizem, apenas recebeu de início em doação o valor de quinze explorações camponesas; e no entanto, refere-se que os irmãos que aí se reuniram eram doze. Esta semente escolhida multiplicou uma numerosa raça que, como se sabe, espalhou o exército do Senhor numa grande parte da terra. Estes homens preocuparam-se incessantemente com o que a Deus pertence, ou seja, com obras de justiça e de misericórdia; mereceram, portanto, receber todos os bens; além disso, deixaram à posteridade um exemplo digno de ser imitado. Depois de Bernon, a direção da abadia foi preenchida pelo mui sábio Odon, homem mais religioso do que qualquer outro, que fora anteriormente preboste da igreja de Saint-Martin de Tours, verdadeiramente admirável pela santidade dos seus hábitos e da sua vida religiosa. Pôs tanto zelo em propagar a regra que todos os mosteiros mais consideráveis existentes em Itália e na Gália, da província de Benevente até ao oceano, tiveram a felicidade de ser submetidos à sua autoridade. Depois da sua morte foi substituído por Aymard, homem simples que, embora menos famoso, não foi um guardião menos vigilante do respeito pela regra. Depois dele elegeram o santo e venerável Maïeul, de que atrás falámos, e que designou Odilon para lhe suceder no governo dos monges.

Guilherme de Volpiano

A congregação cluniacense foi efetivamente construída por Santo Odilon, abade de Cluny na época dos milénios. Junto dele agiram outros reformadores, entre os quais Guilherme de Volpiano, discípulo de São Maïeul, e abade de Saint-Bénigne de Dijon, por quem foi divulgada a restauração da pureza monástica simultaneamente na região lombarda e na Normandia.

Na mesma época, brilhou na reforma das casas de Deus o venerável abade Guilherme, que fora anteriormente nomeado, pelo bem-aventurado Maïeul, abade da igreja de Saint-Bénigne, mártir. Mandou de imediato reedificar os edifícios desta igreja de forma tão admirável que teria sido difícil descobrir outros tão belos. Distinguiu-se também pelo rigor com que observava a regra, e mostrou-se no seu tempo um incomparável propagador da sua ordem. Embora esse procedimento o fizesse ser amado pelas pessoas religiosas e pias, também lhe trazia difamações e aversões dos pérfidos e dos ímpios. Nascera em Itália, de pais de nobre linhagem, mas era ainda mais nobre pela elevada ciência que adquirira. No mesmo território, na propriedade que herdara de seus pais, anteriormente chamada Volpiano, edificou um mosteiro cheio de todas as graças, ao qual ele mesmo modificou o nome, chamando-lhe Fruttuaria. Enriqueceu-o com bens de toda a espécie e nele colocou um abade chamado João que era em tudo o seu digno êmulo. Guilherme era dotado de um espírito agudo e de uma insigne sabedoria, o que lhe valia ser recebido nos palácios dos maiores reis e dos príncipes. Sempre que um mosteiro se achava sem pastor, logo o rei, o conde ou o prelado lhe pediam encarecidamente que tomasse a sua direção para o reformar; porque todos viam os mosteiros florescerem sob a sua proteção, graças à sua riqueza e à sua santidade. E ele próprio era a garantia de que, se em cada um destes lugares os monges observassem as prescrições da regra, jamais lhes faltaria o que quer que fosse. O que se verificou claramente nos lugares que lhe foram confiados [...]. Vemos assim Cluny recorrer frequentemente a irmãos de diversas regiões que, ordenados abades, desenvolviam de mil maneiras os interesses do Senhor. Mas Guilherme, o padre por quem começou este capítulo, prevalece sobre todos os que antes dele saíram deste lugar, pelo sacrifício a que se entregou e os resultados que obteve, espalhando por todo o lado a semente da nossa regra.([5])

([5]) Raul Glaber, *Histórias*, III, 5.

III
As novas igrejas

No entanto, não é apenas o espírito da Igreja que adquire uma nova juventude nas provas purificadoras do milénio. Ela renova-se igualmente na sua armadura corporal. Por toda a parte se inicia a reconstrução dos santuários, graças às esmolas que afluem e ao invisível crescimento dos lucros senhoriais.

Reims

Já nessa época, no último quarto do século x, o arcebispo Adalberão de Reims, o bom prelado que Richer propõe como exemplo,

[...] nos seus começos [*em 976*], após a sua nomeação, ocupou-se muito com construções na sua igreja. Mandou derrubar inteiramente as arcadas cujas estruturas demasiado grandes ocupavam quase um quarto de toda a basílica desde a entrada da igreja. A igreja inteira foi, portanto, embelezada quer pela extensão da nave, quer pela maior dignidade das estruturas. Mandou também colocar, pela honra que lhe era devida, o corpo de São Calisto, papa e mártir, à entrada da igreja, num lugar mais elevado. Consagrou um altar neste lugar. Acrescentou um oratório disposto muito comodamente para orar a Deus. Ornamentou o altar-mor com uma cruz de ouro e colocou de um lado e de outro cancelos resplandecentes.

Além disto, mandou fazer um altar portátil de trabalho não menos requintado. Sobre este altar, onde o padre se coloca perante Deus, encontravam-se as figuras dos quatro evangelistas, trabalhadas a ouro e prata, colocadas em cada um dos ângulos. Com as suas asas abertas, cada uma delas ocultava até meio as faces laterais do altar; as quatro levantavam o rosto para o Cordeiro imaculado. Ele quisera deste modo copiar a arca de Salomão. Fez também um candelabro de sete braços que, saindo de um único pé, simbolizavam os sete dons da graça emanando todos de um só Espírito. Decorou, com um trabalho não menos elegante, o sarcófago onde encerrou a vara e o maná, ou seja, as relíquias dos santos. Para honra da igreja, suspendeu também algumas coroas, cuja cinzeladura não foi pouco custosa. Iluminou-a com janelas contendo diversas imagens e fê-la ressoar pelo dom de sinos retumbantes.([6])

O «manto branco»

Na verdade, é de uma súbita manifestação da atividade decorativa, imediatamente após o Ano Mil, que fala Raul Glaber.

Da renovação das basílicas no mundo inteiro.

Como se aproximava o terceiro ano que se seguiu ao Ano Mil, viu-se em quase toda a terra, mas sobretudo em Itália e na Gália, a renovação das basílicas das igrejas; uma emulação levava cada comunidade cristã a possuir uma mais sumptuosa do que a das outras, embora a maioria, muito bem construída, não tivesse qualquer necessidade disso. Era como se o próprio mundo tivesse sido sacudido e, despojando-se da sua vetustez, se cobrisse inteiramente de um manto branco de igrejas. Assim, quase todas as igrejas das sés episcopais, os santuários monásticos dedicados aos diversos santos, e mesmo os pequenos oratórios das aldeias, foram mais belamente reedificados pelos fiéis.

Quando Glaber evoca este «manto branco», não usa unicamente uma admirável metáfora. Quer significar que a cristandade se despoja então do velho homem, adere ao partido do bem para lutar contra os poderes da perversão, que se prepara para o novo batismo, que se cobre do manto nupcial para se acercar do banquete ao seu Rei. Este mesmo manto branco (o que assinala nos sonhos as aparições benéficas) era usado, nesse tempo, pelos verdadeiros homens de Deus, os que traçam os planos das novas basílicas.

([6]) RICHER, *Histórias*, III, 22, 23.

Saint-Martin de Tours

Nesta época distinguiu-se entre todos o mosteiro de Saint-Martin de Tours; o venerável Hervé, que era o tesoureiro, mandou demoli-lo e teve tempo antes da sua morte de o mandar reconstruir de um modo magnífico. A vida e a vocação religiosa deste homem, desde a sua infância até ao fim da sua vida terrestre, mostraria aos homens de hoje, se alguém quisesse escrever a sua história, uma figura em todos os aspetos incomparável. Oriundo de uma nobre família de França, mais nobre ainda pelo seu espírito, semelhante a um lírio ou a uma rosa entre os espinhos, ligava-se pelo sangue aos homens mais bárbaros do país. Como é costume entre as pessoas de mais elevada estirpe, recebeu uma educação nobre, depois estudou nas escolas as artes liberais; mas compreendeu que a maioria retirava destes estudos mais orgulho do que docilidade às leis de Deus, e acreditou ser suficiente, no que lhe dizia respeito, retirar daí a salvação da sua alma. Abandonou o estudo destas vãs ciências e entrou em segredo num mosteiro onde pediu com devoção para se tornar monge. Mas, como dissemos, ele pertencia a uma família ilustre; assim, temendo a cólera de seus pais, os irmãos deste mosteiro recusaram-se a atender ao seu pedido. No entanto, para lhe serem agradáveis, prometeram-lhe que, se a sua parentela não se opusesse pela força, de bom grado fariam o que pedia. Durante a sua estadia neste local deu, pela sua santidade, a prova do que viria a tornar-se mais tarde, e a todos os que aí viviam deu o exemplo do que era preciso fazer. Mas quando seu pai foi informado da sua conduta, cheio de furor, dirigiu-se ao convento para dele retirar o seu filho; a esta criança que apenas se ocupava dos mais desejáveis bens, encheu-a de reprimendas, levou-a com ele à força até à corte do rei, onde suplicou ao próprio rei para desviar o seu espírito de um tal projeto prometendo-lhe grandes honras. Mas o rei Roberto, como homem cheio de piedade e de religião, pelo contrário, exortou-o com doçura a perseverar com o mesmo espírito num tão bom propósito, e logo o nomeou tesoureiro da igreja de Saint-Martin, contando fazer dele mais tarde um prelado exemplar. Tentou frequentemente daí em diante executar este projeto, mas esbarrou sempre com uma recusa. O santo homem, assim encarregado contra a sua vontade do cuidado de uma igreja, continuou a usar a túnica branca e, vivendo de acordo com a regra dos cónegos, conservou em tudo o estado de espírito e o género de vida de um monge. Usando sempre um cilício sobre a pele, mortificando o seu corpo com um jejum ininterrupto, avaro para consigo, pródigo para com os pobres, observava assiduamente as vigílias e as orações.

Este homem imbuído de Deus concebeu, para a igreja cuja guarda lhe fora confiada, o projeto de a reconstruir de alto a baixo, mais ampla e mais alta. Sob inspiração do Espírito Santo, indicou aos pedreiros o local onde era preciso lançar os alicerces desta obra incomparável, que ele próprio dirigiu, como tinha desejado, até ao seu acabamento.

Orleães

Multiplicam-se então os estaleiros e saem da terra construções mais vastas, mais elevadas, mais esplendorosas, mas aqueles que a isso assistem não reconhecem, nesse florescimento, um dos efeitos do primeiro progresso da economia rural, de um desafogo que pouco a pouco penetra o corpo do Ocidente, nem sequer da multiplicação das esmolas. Falam ainda de milagre:

Nesta época, o bispo desta cidade era o venerável Arnoul, homem tão nobre pela sua raça como pela sua ciência, e muito rico pelas rendas dos seus bens de família. Perante o desastre que atacava a sua diocese e a desolação dos povos cuja guarda lhe pertencia, tomou a mais sábia solução: fez grandes preparativos e logo tratou de reedificar, de alto a baixo, os edifícios da grande igreja, que outrora tinha sido consagrada em honra da Cruz de Cristo. Enquanto ele e todos os seus desenvolviam ativamente a obra começada, a fim de a acabar o mais cedo possível de forma magnífica, um manifesto encorajamento divino veio favorecê-lo. Num dia em que os pedreiros, para escolher o local dos alicerces da basílica, sondavam a solidez do solo, descobriram um grande peso de ouro. Consideraram-no decerto suficiente para renovar toda a obra da basílica, se bem que ela fosse grande.

Pegaram neste ouro descoberto por acaso e levaram-no na totalidade ao bispo. Este deu graças a Deus Todo-Poderoso pela oferta deste presente, tomou-o e confiou-o aos guardiões da obra, ordenando-lhes que o gastassem integralmente na construção da igreja. Diz-se que este ouro se devia à previdência de Santo Evúrcio, antigo prelado da mesma sé, que ali o teria escondido prevendo esta reconstrução. Este santo homem teria sobretudo tido esta ideia porque, na época em que ele próprio reedificava esta igreja, mais bela do que era anteriormente, tinha encontrado neste mesmo local um presente divino preparado para ele. Foi assim que não só a construção da igreja, mas ainda, a conselho do bispo, as outras igrejas que se deterioravam nesta mesma cidade, as basílicas, dedicadas à memória de diferentes santos, foram reedificadas mais belas do que as anteriores e nelas se prestava culto a Deus melhor do que em qualquer outro lugar; em breve, a cidade voltou a guarnecer-se de casas, e o povo, purificado finalmente da sua corrupção com a ajuda da clemência divina e tendo acolhido prudentemente as suas misérias como punição dos seus pecados, readquiriu rapidamente nova consciência de si mesmo.([7])

([7]) Raul Glaber, *Histórias*, III, 4 e II, 5.

IV
Ceifa de relíquias

Mas o sinal mais espantoso da nova aliança não terá sido, nos amanhãs do milénio, a descoberta de novas relíquias? O Ocidente encontrava-se pouco abastecido e as que possuía pareciam de qualidade duvidosa. Por essa razão o Ocidente sentia-se muito desprovido, enquanto nos países da cristandade oriental abundavam os restos sagrados. E eis que Deus se dignava tirar o seu povo, enfim purificado, desta indigência e fornecer-lhe, em maior abundância, armas tão necessárias na luta contra os demónios. De facto, os peregrinos, cada vez mais numerosos, que iam visitar as igrejas bizantinas e aquelas que continuavam a prosperar sob a autoridade dos príncipes muçulmanos traziam por vezes das suas viagens fragmentos de corpos santos; outros eram fabricados por falsificadores; enfim, muito naturalmente, as terraplenagens preparatórias das reconstruções das igrejas punham a descoberto sarcófagos desconhecidos. Mas para Raul Glaber e para todos os monges do seu tempo estas relíquias pareciam ressuscitar da terra, tal como em breve, ao toque das trombetas, o fariam todos os defuntos da humanidade. Atribuíam esta eclosão, na nova primavera do mundo, à infusão da graça divina.

Da descoberta de santas relíquias por todo o lado

Encontrando-se o mundo inteiro, como tínhamos dito, revestido de branco pela renovação das basílicas, aconteceu em seguida, ou seja, no oitavo ano após o milénio da encarnação do Salvador, que diversos indícios permitiram descobrir numerosas relíquias de santos em lugares onde tinham permanecido muito tempo escondidas. Como se esperassem pelo momento de alguma gloriosa ressurreição, ao sinal de Deus foram entregues à contemplação dos fiéis, e lançaram no seu espírito um forte reconforto. É sabido que estas descobertas começaram em primeiro lugar numa cidade das Gálias, em

Sens, na igreja do bem-aventurado mártir Estêvão. O arcebispo da cidade era então Lierri, que aí descobriu, coisa espantosa, insígnias de ritos antigos; diz-se que, entre vários outros objetos que estavam escondidos, encontrou um pedaço do bordão de Moisés. À notícia deste facto, acorreram fiéis, não apenas das regiões da Gália, mas até de quase toda a Itália e das regiões de além-mar; e não raras vezes se viu doentes de lá regressarem curados por intercessão dos santos.[8]

---

[8] *Ibid.*, III, 5.

OITAVA PARTE

O crescimento

Os escritores nada dizem acerca do crescimento que começa então a apoderar-se do corpo da cristandade ocidental. Os autores de crónicas e de histórias não sentiram que os homens à sua volta se tornavam cada vez mais numerosos e bem alimentados. Das calamidades que relatam, algumas traduzem talvez uma instabilidade própria da adolescência e das tensões de um primeiro crescimento: não souberam, não quiseram discernir nelas esta origem. Também não tomaram consciência das transformações que sofria a sociedade do seu tempo; da irrupção das formas feudais, apenas se aperceberam dos tumultos e desordens aos quais os antigos contextos, desagregando-se, davam origem, e desse esquema muito simples das três «ordens» cuja expressão contribuíram para fixar. Exaltavam continuamente, tal como os seus predecessores de uma Idade Média mais antiga, o bom imperador, o bom rei e, mantendo vivas tais representações mentais, consolidavam inconscientemente os fundamentos de uma futura renascença da autoridade monárquica. Não se aperceberam sequer de que, na ordem das realidades temporais, o mundo mudava à sua volta. Mudava realmente? Temos o direito de nos perguntarmos se o movimento de evolução política, económica e social não era, na verdade, nestes decénios, menos percetível, e por consequência menos vivo, do que nós, historiadores, somos tentados a imaginar, considerando fenómenos que não aparecem de forma realmente clara nos documentos anteriores ao fim do século XI.

A questão merece ser colocada. Mas é igualmente permitido acreditar que as nossas testemunhas não eram fiéis observadores do quotidiano e do carnal. Pois não se preocupavam com os assuntos terra a terra. Olhavam para mais alto.

Os sintomas de desenvolvimento que procuravam mostrar referem-se, portanto, todos ao sagrado, às atitudes religiosas. Ou seja, às únicas modificações que, a seus olhos, teriam alguma importância para o destino dos homens, em todo o caso às que seriam passíveis de serem introduzidas para os infletir, no decurso da história concebido como inteiramente absorvido pela iminência da Parúsia. Porque para eles, o desenvolvimento das forças produtivas ou a transferência dos poderes de comando apenas eram, por assim dizer, epifenómenos, em todo o caso, superestruturas. Para eles, não o esqueçamos, as verdadeiras estruturas da história eram espirituais. Todavia, as inovações que detetam — e que se estabelecem todas nas perspectivas da escatologia — chegam para alimentar a sua esperança, um sentimento de confiança no irresistível progresso do mundo. Estes homens de Deus acreditavam no homem.

I
Propagação da fé

Missionários

Em primeiro lugar, eles sentem o desenvolvimento da cristandade como uma dilatação, como uma conquista em detrimento da descrença (o fim dos tempos, que se aproxima, não deverá ser precedido pela reunião de todas as nações em redor da cruz?). Na sua época, é a norte e a leste que a fé continua a propagar-se, nas avenidas abertas pelos evangelizadores carolíngios. O herói da missão cristã é então Santo Adalberto, amigo do imperador do milénio.

[Otão III] tinha consigo dois prelados muito veneráveis, Santo Adalberto, arcebispo da cidade de Praga, situada na província da Boémia, e São Bruno, bispo da cidade de Augsburgo, na província da Baviera, primo do imperador. Santo Adalberto era pequeno de estatura, São Bruno, alto. Ora, Santo Adalberto, durante uma estadia na corte do imperador, ia sozinho pela noite escura para a floresta, carregava lenha aos ombros e, descalço, trazia-a para sua casa sem ninguém saber; e vendia esta lenha para obter alimentos. Ao fim de muitos dias, o imperador foi disso informado, e como tinha o prelado na conta de um santo homem, num dia em que, como de costume, conversava com ele, disse-lhe gracejando:
«Um bispo da vossa qualidade deveria partir para evangelizar os povos eslavos.»
De imediato o bispo, beijando os pés do imperador, disse que partiria sem demora, e o imperador não conseguiu desviá-lo desta intenção; o prelado pediu-lhe para nomear em seu lugar, na cidade de Praga, um outro arcebispo que ele mesmo escolheria, e o imperador consentiu nisso de boa vontade. Quanto a ele, depois de ter preparado tudo o que era necessário, foi-se, descalço, para a província da Polónia, onde ninguém ouvira ainda pronunciar o nome de Cristo, e aí começou a pregar o Evangelho.

Seguindo o seu exemplo, o bispo Bruno pediu ao imperador para consagrar em seu lugar, na sua diocese, um bispo da sua escolha chamado Ulrique. Depois disto, por sua vez, chegou com humildade à província da Hungria, aquela a que se chama Hungria Branca por oposição à outra, a Hungria Negra, assim chamada porque aí as pessoas têm a tez escura como os negros.

Santo Adalberto converteu à fé de Cristo quatro províncias ainda prisioneiras dos erros antigos: a Polónia, a Eslavónia, as de Varsóvia e de Cracóvia. Depois de as ter estabelecido solidamente na fé, alcançou a província dos Pincenates([1]) para lhes pregar o Senhor. Este povo estava ferozmente ligado aos seus ídolos; Adalberto chegara junto deles havia oito dias e começara a anunciar-lhes o reino do Cristo quando, ao nono dia, encontrando-o prostrado em orações, o atravessaram com as suas flechas de ferro e fizeram dele um mártir de Cristo. Depois cortaram-lhe a cabeça e afogaram o seu corpo num grande lago; quanto à cabeça, lançaram-na aos animais num campo. Mas um anjo do Senhor tomou-a e levou-a para junto do corpo na margem oposta do lago; o santo despojo permaneceu nesse lugar, intacto e sem decompor, até ao dia em que alguns mercadores passaram por ali de barco. Levaram este sagrado tesouro e foram até à Eslavónia. Ao saber disto, o rei dos Eslavos, chamado Boleslav, que o próprio Adalberto batizara, deu-lhes ricos presentes, recebeu deles com grande pompa o corpo e a cabeça, e construiu em honra do Santo um grande santuário; este mártir de Cristo começou a realizar muitos milagres. A paixão de Santo Adalberto dera-se no vigésimo quarto dia de abril, que é o oitavo das calendas de maio.

Quanto a São Bruno, converteu não só a província da Hungria, mas também uma outra, que se chama Rússia. Batizou o rei da Hungria, chamado Gouz, e no batismo mudou o seu nome para o de Estêvão. O imperador Otão recebeu-o das fontes batismais no dia da natividade do protomártir Estêvão e deixou-lhe o seu reino à livre disposição, dando-lhe permissão de usar por toda a parte a santa lança, como tinha por costume fazer o próprio imperador; deu-lhe

---

([1]) Povo eslavo da Prússia. (*N. da T.*)

pregos da cruz do Senhor e concedeu-lhe a lança de São Maurício para dela se servir como sua.

Este rei mandou batizar o seu filho por São Bruno e deu-lhe o mesmo nome que tinha recebido, Estêvão. O imperador Otão deu em casamento a este Estêvão, que mais tarde se tornou imperador, a irmã de Henrique.

No entanto, São Bruno dirigiu-se aos Pincenates, começou a pregar-lhes o Cristo e foi martirizado por eles tal como o havia sido Santo Adalberto. Estes Pincenates, possuídos por um furor diabólico, tiraram-lhe todas as entranhas do ventre por um pequeno buraco que lhe abriram de lado, e assim fizeram dele um heróico mártir de Cristo. Os Russos resgataram o seu corpo por alto preço e construíram em sua honra um santuário na Rússia, onde começou a assinalar-se por milagres espantosos.

Pouco depois, um bispo grego chegou à Rússia, converteu a outra metade desta província que estava ainda votada à idolatria, e conseguiu que os habitantes adotassem o uso da barba comprida e outros costumes gregos.([2])

A evangelização, a cruz e a simbólica cósmica

Todavia, os obstáculos que a evangelização encontra nas regiões do Sul colocam um problema.

Eis um assunto digno de reflexão: se vimos acontecer frequentemente o que narrámos acerca da conversão dos povos infiéis à fé de Cristo nas regiões do Aquilão e do Ocidente, em compensação não ouvimos falar de nada disso em nenhuma das regiões orientais e meridionais do mundo. O verdadeiro presságio disto foi a posição da cruz do Senhor, no momento em que o Salvador nela pendia pregado no Calvário: enquanto por detrás das costas do Crucificado ficava o Oriente e os seus povos sanguinários, diante dos seus olhos estendia-se o Ocidente, prestes a ser inundado pela luz da fé; do

---

([2]) ADÉMAR DE CHABANNES, *Crónica*, III, 31.

mesmo modo, foi a sua direita toda poderosa, estendida para a função de perdão, que o Setentrião recebeu, suavizado pela sua fé na santa palavra; enquanto a sua esquerda estava reservada ao Sul fervilhante de povos bárbaros. No entanto, apesar de termos evocado brevemente este santo presságio, isto não altera em nada esse consolador artigo da nossa fé católica segundo o qual, em qualquer lugar e em qualquer nação, sem exceção, quem quer que, regenerado pela santa água, acredite que o Pai Todo-Poderoso, com o seu filho Jesus Cristo, reunidos no Espírito Santo, são o único e verdadeiro Deus, será, por pouco que a sua fé lhe inspire uma conduta reta, apoiado pelo Senhor, e se for perseverante viverá feliz uma vida eterna. E somente a Deus pertence conhecer as razões que tornam o género humano mais ou menos apto a conseguir a sua salvação segundo as diferentes partes do mundo; mas as nossas palavras pretendem simplesmente lembrar que se, por um lado, as regiões mais afastadas destas duas partes do mundo, o Norte e o Ocidente, foram visitadas pelo Evangelho do Senhor Cristo — que lançou entre os seus povos sólidos fundamentos da santa fé —, por outro, nas duas outras, o Oriente e o Sul, ele andou menos e por isso deixou os povos cativos dos seus erros bárbaros durante mais tempo.

    Mas para que ninguém nesta matéria profira uma calúnia sacrílega contra as disposições previdentes do nosso bom Criador, é necessário examinar com precaução o texto sagrado das Escrituras; este texto fornece sem dúvida uma representação do mundo terrestre, na qual tanto a bondade como a justiça do Criador estão incontestavelmente demonstradas, quer para os que se salvam, quer para os que sucumbem. Porque do mesmo modo que o Autor de todo o bem começou por dar ao primeiro pai dos homens a liberdade de trabalhar ou não para a sua salvação, quando se torna Redentor oferece a salvação a todos os homens em geral, mas para que cada um a aproveite espontaneamente. Mas as misteriosas disposições deste Deus para quem sempre está presente tudo o que existe em simultâneo, e a quem nada escapa, mostram em todos os lugares, e através de todas as idades do tempo, que ele é o Todo-Poderoso, único, bom e verdadeiro, tanto pelas obras da sua clemência como pelos castigos vingadores que lhe dita a sua justiça. Pois ele reúne continuamente o maior número possível de filhos do infiel Adão no seio do Filho da sua divindade e a sua bondade essencial jamais falta à obra da sua clemência. E quando todos os dias no mundo isto se cumpre, o que provaria senão a sempre ativa bondade do Todo-Poderoso, variável, mas imutável, imutável, embora variável?([3])

([3]) RAUL GLABER, *Histórias*, I, 5.

II
A guerra santa

Pelo menos, se no Leste e no Sul os pregadores de Cristo esbarram com descrenças muito arreigadas, por outro lado começa a despontar o dia em que os guerreiros do Ocidente irão forçar pela espada estas resistências. Na mutação do Ano Mil, amadurece o espírito de cruzada. A paz, depois a trégua de Deus, limitavam pouco a pouco o exercício das armas no seio do povo cristão; em 1054, foi proclamado no concílio de Narbona: «Que nenhum cristão mate outro cristão, porque quem mata um cristão derrama, sem dúvida nenhuma, o sangue de Cristo.» Ora, os cavaleiros tinham recebido do próprio Deus a vocação de combater. Onde iriam desferir os seus golpes? Contra os infiéis. Pouco a pouco, torna-se claro que, no movimento de purificação em que a iminência do fim dos tempos vem empenhar a cristandade do Ocidente, apenas a Guerra Santa é lícita. Ao povo de Deus que avança para a Terra Prometida importa ter apaziguado todas as discórdias intestinas; deve caminhar na paz. Mas à sua frente o corpo dos seus guerreiros abre o caminho; dispersa, com a sua valentia, os sectários do Maligno. No início do milénio, a cavalaria do Ocidente resiste aos bandos de salteadores que saem das regiões sarracenas; persegue-os, vence-os e, com tais êxitos, salva a sua alma.

Defesa de Narbona

Nesta época, os Mouros de Córdova, atravessando o mar Gálico, aportaram, numa noite de improviso, com uma frota numerosa diante de Narbona; e ao nascer do dia, espalharam-se de armas na mão à volta da cidade; de acordo com o que eles próprios, no cativeiro, depois nos contaram, o seu sortilégio tinha-lhes prometido que o combate correria bem e que tomariam Narbona. Mas os cristãos, à pressa, comungaram o corpo e o sangue de Deus que receberam dos seus padres e, preparados para a morte, correram sobre os Sarracenos; alcançaram a vitória matando uns, retendo os outros cativos, bem como os seus barcos e toda a espécie de despojos; venderam os seus prisioneiros ou reduziram-nos à servidão, e enviaram como presente a Saint-Martial de Limoges vinte mouros de um tamanho gigantesco. O abade Geoffroi guardou dois deles como escravos, e distribuiu os outros aos senhores estrangeiros que tinham vindo a Limoges de diversas regiões. A língua destes homens não era de modo nenhum a dos Sarracenos; usavam a voz como os cachorros, e pareciam ladrar.([4])

Ofensivas em Espanha

Dos combates de sarracenos contra cristãos em África.

Pela mesma altura, a perfídia dos Sarracenos relativamente ao povo cristão retomou em África [*de facto, para Glaber, a Espanha pertence à África*] um novo vigor; perseguiam todos aqueles que podiam encontrar em terra e no mar, esfolavam-nos vivos, massacravam-nos; e havia já muito tempo que matanças mútuas se desenvolviam e que as destruições se acumulavam de um lado e de outro, quando por fim as duas partes se puseram de acordo para que os seus exércitos se combatessem o mais cedo possível. O inimigo, pondo uma presunçosa confiança na furiosa selvajaria da sua imensa multidão, via-se de antemão vitorioso; os nossos, ainda que em pequeno número, invocavam o socorro de Deus Todo-Poderoso, e esperavam firmemente que a intercessão de sua mãe Maria, do bem-aventurado príncipe dos apóstolos Pedro e de todos os santos lhes valeria a vitória. E colocavam sobretudo a sua confiança no voto que tinham contraído na altura de iniciar o combate: se a poderosa mão do Senhor lhes concedesse a vitória sobre o povo infiel, tudo o que lhes fosse permitido tomar a estas gentes, em ouro, em prata e em outros adornos, devia ser igualmente enviado para Cluny, ao príncipe dos apóstolos Pedro. Com efeito, desde há muito tempo, como assinalámos mais atrás,

---

([4]) ADÉMAR DE CHABANNES, *Crónica*, III, 52.

numerosos religiosos desta região, que haviam tomado o hábito neste mosteiro, souberam atrair a este santo lugar o amor de toda a região. Que mais era preciso? O combate iniciou-se; foi longo e encarniçado. Os cristãos não tinham sofrido nenhuma perda e apareciam já como os vencedores, quando, por fim, o pânico se apoderou do exército dos Sarracenos de tal forma que, parecendo esquecer-se de combater, tentaram fugir; mas em vão; enredaram-se nas suas próprias armas, ou antes, foi o poder de Deus que os imobilizou; todavia, o exército dos cristãos, tornado irresistível pela assistência divina, fez neles um tal massacre que, da sua inumerável multidão, apenas alguns se puderam salvar. Diz-se que Motget, seu príncipe, cujo nome é uma corrupção do de Moisés, morreu neste combate. Uma vez reunido o despojo, os cristãos retiraram dele um enorme peso de talentos de prata, não esquecendo o voto que tinham feito a Deus. É, com efeito, costume dos Sarracenos quando vão combater ornamentarem-se de muitas placas de prata ou de ouro; neste caso, este costume beneficiou a piedosa liberalidade dos nossos. Sem demora enviaram este despojo todo, como tinham prometido, ao mosteiro de Cluny. O seu venerável abade Odilon mandou fazer dele um magnífico baldaquino por cima do altar de São Pedro. Quanto ao que sobrou, ordenou, por uma liberal medida muito famosa, que o distribuíssem, como convinha, aos pobres até ao último dinheiro. No entanto, a turbulência dos Sarracenos, enfraquecida, acalmou-se por essa altura.([5])

Em breve a narrativa adquire o tom das canções de gesta:

Depois, os Normandos, sob a chefia de Rogério, foram exterminar os pagãos de Espanha, mataram inúmeros sarracenos e tomaram-lhes muitas cidades e castelos. Desde a sua chegada, Rogério capturara alguns sarracenos; todos os dias apanhava um e, na presença dos outros, cortava-o em pedaços como se fosse um porco, mandava-o trazer cozido em caldeirões para a refeição deles e fingia ir para outro lugar comer com os seus companheiros a parte que restava. Assim, depois de todos verem isto, deixava que o mais ingénuo,

---

([5]) Raul Glaber, *Histórias*, IV, 1.

por um descuido fingido, se evadisse, para que fosse contar estes horrores aos Sarracenos. Mortos de medo com esta ideia, os Sarracenos da vizinha Espanha e o seu rei, Muset, pedem a paz a Ermesinda, condessa de Barcelona, e comprometem-se a pagar um tributo anual. Esta condessa era viúva e tinha dado a sua filha em casamento a Rogério. Firmada a paz com estes inimigos, Rogério levou a guerra ao interior da Espanha; um dia, acompanhado apenas por quarenta cristãos, esbarra com uma emboscada preparada por quinhentos sarracenos de elite; perdeu no combate o seu irmão natural, atacou por três vezes, abateu mais de cem inimigos, regressou com os seus às suas posições, e os sarracenos já não ousaram persegui-lo na sua fuga.

[...] O rei de Navarra, Sancho, com a ajuda dos Gascões, conduziu um exército contra os Sarracenos, devastou a Espanha e regressou carregado de despojos e de glória. No mesmo ano [*1027*], o rei da Galiza, Afonso, espalhou a desolação pelos Sarracenos. No momento em que uma cidade de Espanha se lhe ia render, quando já tinha deposto as armas e dava aos cristãos, fervilhando de impaciência sob as muralhas, ordem de acabar o combate, uma flecha lançada do alto das muralhas por estes mesmos inimigos que ele pensava poupar atingiu-o mortalmente; e as suas tropas tiveram de voltar para trás, não sem grande dor, chorando o seu príncipe.([6])

([6]) Adémar de Chabannes, *Crónica*, IV, 55 e 69.

III
Deus encarna-se

Ora, os prelúdios da cruzada manifestam eles próprios uma mudança de atitude cujo fundamento está no coração da consciência religiosa e pode ser considerado como um dos factores essenciais da história mental da Idade Média, visto que devido a ele se modificou por vários séculos a tonalidade do cristianismo. No tempo do milénio, é o próprio Deus que começa a mudar de aspeto. Sob a desconhecida omnipotência do Pai, a humanidade do Filho parece tomar, pouco a pouco, maior presença e proximidade. Enfim, a cruz, o Evangelho, Jesus vivo apoderam-se das almas piedosas, uma após a outra.

Assim, nos ritos da Igreja, o lugar da consagração eucarística tende, nesta mesma época, a desenvolver-se. O que não se verificou sem levantar problemas: com efeito, foi a propósito da significação mística destes ritos que simultaneamente se desenvolveram as mais agudas inquietações heréticas, os primeiros esforços de reflexão dialética e, em breve, em redor de Béranger de Tours, as primeiras controvérsias de teologia.

Prodígios eucarísticos

Para Raul Glaber, as espécies eucarísticas pertencem ainda ao universo da magia: tal como as relíquias, tal como a pessoa dos reis, introduzem no quotidiano da vida uma parcela de sagrado: rodeiam-se de milagres e de prodígios; benéficas ou maléficas, conforme o uso que delas se faz, trazem a benevolência ou a cólera do Todo-Poderoso.

Decerto, o mistério da Eucaristia apenas é transparente para um pequeno número; é incompreensível para quase todos os mortais, assim como todas as outras coisas que dependem da fé e não estão sob os nossos olhos. Devemos estar avisados sobre este assunto;

acreditamos que a preparação do corpo e do sangue do Senhor Jesus Cristo é vivificante, e julgamos estar ao abrigo de todas as penas e de qualquer perigo de queda. Mas se o corpo e o sangue do Senhor são abandonados e destruídos pelo descuido daqueles que se encarregam do seu manejo, apenas lhes resta, a menos que prontamente se penitenciem, um julgamento que os condena. O Senhor disse: «Aquele que come a minha carne e bebe o meu sangue possui a vida eterna, e eu ressuscitá-lo-ei.» Não se deve por isso acreditar que algum animal além do homem deva participar da ressurreição da carne; além disso, só um verdadeiro fiel pode receber a Eucaristia como uma via da sua salvação. No nosso tempo houve um indivíduo que, vestido com o hábito dos clérigos, compareceu perante a justiça não sei porque crime; teve a audácia, no decurso da instrução, de consumir esta dádiva da Eucaristia, ou seja, o cálice do sangue de Cristo. Logo depois, viu-se sair do seu ventre, imaculada, a parte do santo sacrifício que ele consumira, e que forneceu, certamente por tal facto, uma prova evidente da culpabilidade daquele que a tinha indignamente recebido; aliás, logo confessou o crime de que até ali se tinha defendido, e penitenciou-se adequadamente. No condado de Chalon, encontrámos pessoas que, na proximidade de um desastre, tinham visto o pão consagrado transformar-se em verdadeira carne. Em Dijon, na mesma época, uma pessoa que levava a Eucaristia a um doente deixou-a cair de suas mãos; todos os esforços que fez para a encontrar foram vãos. Volvido um ano, descobriram-na à beira do caminho público, ao ar livre, no sítio onde tinha caído, tão branca e imaculada como se tivesse caído naquele momento. Enfim, em Lyon, no mosteiro de Île Barbe, alguém, segundo se crê, se apoderou indevidamente da pequena caixa, ou píxide, na qual segundo o uso se conserva a Eucaristia, e ela própria se soltou de suas mãos e manteve-se por muito tempo nos ares.

Quanto ao crismal, que alguns chamam o corporal [*pano onde se coloca a hóstia sobre o altar*], por muitas vezes provou a sua salutar virtude na condição de que a ele se recorresse com uma fé inflexível. Muitas vezes, erguido diante dos incêndios, obrigou-os ou a extinguirem-se, ou a arrepiarem caminho, ou a virarem-se para outro lado. Curou muitas vezes os membros dolorosos dos doentes e, quando imposto aos indivíduos febris, dava-lhes vida nova. No mosteiro de Moutiers-Saint-Jean, no tempo do venerável abade Guilherme [*de Volpiano*], quis a infelicidade que um incêndio devastasse os arredores do convento. Os irmãos deste lugar tomaram o crismal e elevaram-no na ponta do seu cabo diante das chamas do incêndio de sinistros clarões. Logo o fogo recuou sobre si e não pôde estender-se para além do que já tinha atingido. Entretanto, este Guião do Senhor, arrancado do seu cabo pelo vento, voou a uma distância de cerca de duas milhas e chegou a uma aldeia chamada Tivauche, onde acabou por pousar sobre uma casa; seguiram-no até lá e trouxeram-no com cuidado para o mosteiro. Ora, no dia de Páscoa do mesmo ano, na igreja adjacente ao mosteiro e dedicada a São Paulo, aconteceu que o cálice cheio do sangue vivificante, tendo escapado das mãos de um padre, caiu por terra. Mas logo que o dito abade foi disso informado, este homem cheio de sabedoria ordenou a três dos seus monges que fizessem penitência por esta falta; temia ver por infelicidade a inépcia deste padre idiota arrastar com ele os seus num castigo vingador; o que sem a previsão deste avisado homem não teria deixado de se produzir, como foi provado pelo incêndio narrado. O que antecede foi contado para que todos acreditem firmemente que, nos lugares onde esta dádiva sagrada e vivificante sofre um acidente devido a negligência, logo experimenta o flagelo da vingança divina; do mesmo modo que, em contrapartida, os lugares onde é tratada com cuidado serão alvo de todos os bens.

Cluny e a missa

No entanto, uma das maiores inovações dos costumes cluniacenses foi, por volta do Ano Mil, incitar os monges a tornarem-se padres, associar mais intimamente às mortificações e às privações inerentes à vocação monástica as funções sacrificiais do sacerdócio, e organizar a vida dos irmãos em volta da celebração eucarística. Assim se encontraram reforçados os poderes redentores do mosteiro: a comunidade não recebia as graças simplesmente pelas suas orações e pelas suas privações; participava na confeção do corpo e do sangue de Cristo; trabalhava para aumentar no mundo visível a parte do sagrado. E esta salutar obra encontrava-se em Cluny intimamente ligada à liturgia dos mortos. Foi assumindo as funções eucarísticas que os mosteiros, no limiar do século XI, conseguiram estabelecer-se no coração da devoção popular e vencer decididamente as catedrais.

Quanto à celebração deste mistério magnífico, há já inúmeras provas dos benefícios que proporciona às almas dos fiéis defuntos; no entanto, quero agora dar a conhecer uma entre tantas de todos os géneros. Nas regiões mais afastadas de África, vivia um anacoreta de quem se dizia que havia passado em retiro vinte anos sem ver homem nenhum. Vivia do trabalho das suas mãos e de raízes de ervas. Um pobre moço — cidadão de Marselha, uma dessas pessoas que percorrem as regiões sem nunca se cansarem de aprender ou de ver novos lugares — passou por ali. Ouvindo falar deste anacoreta, enfrentou a solidão desta região consumida pelo ardor do Sol, e durante muito tempo obstinou-se em tentar a sorte para o encontrar. Por fim, o eremita avistou este homem que o procurava e gritou-lhe que viesse até ele. E quando o outro se lhe reuniu, começou a perguntar-lhe quem era, de onde vinha, porque se dirigia àquele lugar. Sem se fazer rogado, o homem respondeu-lhe que era o seu ardente desejo de o ver que o havia levado até ali, e que nada mais desejava. O homem instruído pela ciência de Deus, então disse:

«Sei que vens da Gália; mas peço-te, diz-me se já viste o mosteiro de Cluny que se encontra nesta região?»

«Vi-o», respondeu o outro, «e conheço-o muito bem».

Então ele disse-lhe:

«Sabe que esse mosteiro não tem outro que se lhe iguale no mundo romano, sobretudo para libertar as almas que caíram no poder do demónio. Imola-se nesse lugar tão frequentemente o sacrifício vivificante que quase não se passa dia nenhum sem que, por uma tal mediação, não sejam arrancadas almas ao poder dos malignos demónios.»

Com efeito, neste mosteiro — nós próprios fomos testemunhas disso —, um costume tornado possível pelo grande número dos seus monges determinava que se celebrasse sem interrupção missas desde a primeira hora do dia até à hora do repouso; e punha-se nisso tanta dignidade, tanta piedade, tanta veneração, que dir-se-ia existirem mais anjos do que homens.([7])

O rei defensor de Cristo

Ungido do Senhor, cristóforo, atento em reproduzir os gestos de Jesus nas cerimónias do tempo pascal, o bom rei, cujo exemplo é dado por Helgaud em Roberto, o Pio, intervém ele próprio, visto que é sagrado, nas discussões suscitadas nessa época pelo mistério da eucaristia:

Certo bispo não tinha uma sã concepção do Senhor e procurava, por determinadas razões, uma prova da presença real do corpo do Nosso Senhor Jesus Cristo. Este rei, cheio de bondade, indignou-se e dirigiu-lhe uma carta assim concebida: «Como tu tens fama de grande saber sem que a luz da sabedoria brilhe em ti, pergunto a mim mesmo com surpresa como — por meio de um poder injustamente exercido e através de um terrível ódio que alimentas contra os servidores de Deus — procuraste duvidar do corpo e do sangue do Senhor; e porque é que, enquanto o padre, conferindo-os, diz: "Que o corpo de Nosso Senhor Jesus Cristo seja a salvação da tua alma e do teu corpo", tu, com boca temerária e suja, dizes: "Recebe-o, se és digno", quando não há ninguém que dele seja digno. Porque atribuis à divindade as fraquezas do corpo e juntas à natureza divina as enfermidades da dor humana?»

O soberano torna-se assim guardião do corpo e do sangue de Cristo e ordenador das liturgias, onde se vê reaparecer o simbolismo da veste branca.

([7]) Raul Glaber, *Histórias*, V, 1.

Este servidor de Deus, entrincheirado no seio da Igreja nossa mãe, tornou-se o valente protetor do corpo e do sangue do Senhor, assim como dos vasos que o contêm. Determinava absolutamente tudo, até aos mais ínfimos pormenores, de tal modo que Deus parecia ser acolhido, não ornamentado com a glória de outro qualquer, mas na própria glória da sua majestade. Aplicava toda a sua devoção, punha a sua constante preocupação em que fosse por um ministro de coração puro e vestido de branco que Deus fosse imolado pelas faltas de todo o mundo. Os ofícios do culto faziam as suas delícias e, na terra, vivia já nos céus. Punha toda a sua satisfação nas relíquias dos santos, que fazia revestir de ouro e de prata, nas vestes brancas, nos ornamentos sacerdotais, nas cruzes preciosas, nos cálices de ouro fino, nos turíbulos onde se queima um incenso à escolha, nos vasos de prata que servem para a bênção do padre.[8]

---

[8] HELGAUD, 6 e 7.

IV
A cruz

Estaria o próprio prelado que Roberto, o Pio admoestou (era sem dúvida o arcebispo de Sens Lierri) conquistado pela doutrina dos maniqueus que o rei mandou queimar em Orleães? Estes, com efeito, interrogavam-se mais ansiosamente do que ninguém sobre as virtudes da eucaristia. Ao mesmo tempo, como já dissemos, outros heréticos quebravam os crucifixos. Porque a cruz, para eles, era o símbolo de todas as inovações e da nova inquietação. E de facto, no Ano Mil, a primeira irrupção da humanidade de Deus nas representações religiosas desenvolvia continuamente o papel desempenhado pela cruz nas cerimónias e nos ritos.

As cruzes de que fala Raul Glaber são ainda os emblemas da vitória cósmica do Deus Salvador e também dos objetos mágicos pelos quais se manifestam os avisos do além:

No ano da encarnação de 988, produziu-se na cidade de Orleães, na Gália, um prodígio tão memorável quanto terrífico. Existe nesta cidade um mosteiro fundado em honra do príncipe dos Apóstolos, no qual se sabe que na origem uma comunidade de virgens consagradas assegurava o serviço de Deus Todo-Poderoso, e que desde então é conhecido sob o nome de Saint-Pierre-le-Puellier. No meio deste mosteiro estava plantado o estandarte venerável da cruz, que oferecia a imagem do Salvador sofrendo pela salvação dos homens os tormentos da morte; ora, dos olhos desta imagem, durante vários dias sem parar, numerosas testemunhas puderam ver brotar um rio de lágrimas; este espectáculo assustador provocou naturalmente uma grande afluência do povo. Todavia, ao observarem isto minuciosamente, muitos conseguiram ver um presságio enviado por Deus de alguma calamidade prestes a abater-se sobre a cidade. Como, de facto, este mesmo Salvador nos aparece como esclarecido, pela sua presciência, da iminente ruína de Jerusalém, chorando sobre esta cidade, seria certamente a ameaça de um desastre próximo que cairia sobre Orleães que lhe arrancava as lágrimas vertidas pela sua imagem visível. Produziu-se pouco tempo depois na mesma cidade um facto inaudito e no qual se viu o mesmo presságio. Uma noite em que os guardas da grande igreja, ou seja, da catedral [*dedicada à Santa Cruz*], acabavam como de costume de se levantar e abrir as portas do Santo Lugar àqueles que se dirigiam para as matinas, de repente apareceu um lobo que entrou na igreja, agarrou com a boca a corda do sino, sacudiu-a e começou a tocar. Os que lá estavam, espantados, soltaram por fim grandes gritos, e sem armas, puseram-no fora da igreja. No ano seguinte, todas as habitações da cidade, assim como os edifícios das igrejas, foram vítimas de um terrível incêndio. E ninguém duvidou de que este desastroso acontecimento tivesse sido anunciado simultaneamente pelos dois prodígios.([9])

No entanto, nos escritos de Adémar de Chabannes, a cruz adquire outro significado. Ele mesmo viu, numa noite, a sua imagem no céu, carregada do sofrimento de Deus. Relata que o conde Guilherme de Angolema, na sua agonia, beijava sem parar a madeira da Cruz. Este senhor regressava do Santo Sepulcro. Traria da Terra Santa uma devoção mais forte para com as insígnias da Paixão?

[*Em 1017*] Gui, visconde de Limoges, e seu irmão, o bispo Andouin, tinham regressado sem acidentes de Jerusalém. O sepulcro de São Cybard começou então a assinalar-se por milagres de uma frequência insólita. Foucher, abade de Charroux, teve ao mesmo tempo que os seus monges uma visão ordenando-lhes, sem qualquer dúvida, que trouxessem a santa madeira da cruz para junto do túmulo do bem-aventurado Cybard. Isto fez-se no decurso de uma reunião solene e, sob a direção do abade de Angolema Renaut, a santa madeira foi transportada para a basílica de Saint-Cybard no dia da festa do Santo, o primeiro do mês de julho; e quando acabaram de executar a ordem dada pela clemência divina, os monges de Charroux despediram-se dos irmãos de Angolema e retiraram-se honradamente com a santa madeira.

([9]) RAUL GLABER, *Histórias*, II, 5.

Está assente que de facto esta madeira provém da cruz do Senhor; foi o patriarca de Jerusalém que a enviou a Carlos Magno, e o imperador depô-la nesta mesma basílica que Rogério, conde de Limoges, fundara em honra do Salvador.([10])

Enquanto em Saint-Benoît-sur-Loire e em Saint-Martial-de--Limoges, os religiosos julgavam proveitoso inserir na liturgia, durante a Semana Santa, em atenção para com a assistência laica, o esboço de uma representação e de um diálogo que estão na origem do teatro europeu, tornando visível a todos o drama da Paixão; enquanto, cada vez mais numerosos, os jovens cavaleiros em busca de aventuras iam levar junto dos infiéis a insígnia triunfal da cruz; na altura em que o imperador Otão III mandava abrir o túmulo de Carlos Magno e dele retirava a cruz de ouro do defunto para com ela se ornar a si mesmo; quando, proliferante, a lenda carolíngia se misturava com as primeiras expressões do espírito de cruzada, a cristandade do Ocidente, perseguida pela Jerusalém dos seus sonhos, descobria a Jerusalém terrestre, e com ela Jesus vivo.

João, sobrinho de Guilherme de Volpiano, seu discípulo e por isso companheiro de Raul Glaber, antes de se tornar em 1028 abade de Fécamp, introduz na sua Confissão Teológica *esta meditação sobre o Cristo:*

Foi circuncidado para nos cortar dos vícios da carne — apresentado ao templo para nos levar ao Pai puros e santificados — batizado para nos lavar dos nossos crimes — pobre para nos fazer ricos, e fraco para nos tornar fortes — tentado para nos proteger dos ataques diabólicos — capturado para nos livrar do poder do Inimigo — vendido para nos resgatar pelo seu sangue — desnudado para nos cobrir com o manto da imortalidade — ridicularizado para nos subtrair aos sarcasmos demoníacos — coroado de espinhos para nos arrancar aos espinhos da maldição original — humilhado para nos exaltar — elevado na cruz para nos atrair a ele — alimentado de fel e vinagre para nos introduzir nas terras da alegria sem fim — sacrificado como

---

([10]) ADÉMAR DE CHABANNES, *Crónica*, III, 40.

cordeiro sem mácula sobre o altar da cruz para carregar os pecados do mundo.(¹¹)

Este pensamento não é racional; caminha segundo as vias da exegese e das meditações claustrais, através das analogias, das associações de palavras, em busca de correspondência e de ressonâncias verbais. O importante é que está ligado à paixão de Jesus. Inaugurando no Ano Mil a sua marcha para o Santo Sepulcro, a cristandade do Ocidente acreditava avançar para o Reino seguindo Cristo. Começava, de facto, a conquista do mundo visível.

Como a heresia, como o entusiasmo que conduz à cruzada, como os primeiros exercícios da razão face ao mistério, a viragem da vida interior para os símbolos evangélicos traduz de facto este primeiro arranque. Provém do mesmo abalo que então estimula as primeiras pesquisas dos construtores românicos, que revela as estruturas da nova sociedade, essas três «ordens», esses três «estados», entre os quais os homens da Europa viriam mais tarde a julgar-se distribuídos durante quase todo o novo milénio. Foi de facto neste instante, na espera do fim do mundo, que se operou a conversão radical dos valores do cristianismo. A humanidade ainda está prostrada diante de um Deus terrífico, mágico e vingador que a domina e esmaga. Mas ela consegue forjar-se a imagem de um Deus feito homem, que mais se lhe assemelha e que em breve ousará olhar de frente. Ela envolve-se no longo caminho libertador que primeiro desemboca na Catedral Gótica, na teologia de Tomás de Aquino, em Francisco de Assis, e que depois prossegue em direção a todas as formas de humanismo, a todos os progressos científicos, políticos e sociais, para transportar enfim, se nisso refletirmos, os valores atualmente dominantes da nossa cultura.

Na história das atitudes mentais, onde situei quase todas as minhas observações e em função da qual todos estes textos foram escolhidos e dispostos, o que significa na verdade o Ano Mil da

---

(¹¹) LECLERC, J. e BONNES, J.-P., «Un maître de la vie spirituelle au XIᵉ siècle, Jean de Fécamp», *Études de théologie et d'histoire de la spiritualité*, Paris, Vrin, 1946. *Confession théologique*, II, 13.

encarnação e da redenção? O começo de uma viragem maior, a passagem de uma religião ritual e litúrgica — a de Carlos Magno, a de Cluny ainda — para uma religião de ação e que se encarna, a dos peregrinos de Roma, de Santiago e do Santo Sepulcro, em breve a dos cruzados. No seio dos terrores e dos fantasmas, uma primeira perceção do que é a dignidade do homem. Aqui, nesta noite, nesta indigência trágica e nesta selvajaria, começam, por séculos e séculos, as vitórias do pensamento da Europa.

CRONOLOGIA

	Factos políticos	Factos culturais
981		Consagração da segunda abacial de Cluny
983	Subida ao trono de Otão III	
985	Batismo do rei dos Húngaros	
987	Eleição de Hugo Capeto. Vitórias de Almançor na Espanha	
989	Primeiras instituições de paz no concílio de Charroux	
990		Construção do pórtico de Saint--Germain-des-Prés
991	Grande invasão dinamarquesa em Inglaterra	
994		Torre de menagem de Langeais
996	Roberto, o Pio, único rei de França	Começo da construção da igreja de Romainmôtier
997	Almançor pilha Santiago de Compostela	Começo da construção da igreja de Saint-Martin de Tours
998		Evangeliário de Otão III (Reichenau)
999	Otão III estabelece a sua capital em Roma, Gerberto torna-se papa sob o nome de Silvestre II	

	Factos políticos	**Factos culturais**
1001	O papa coroa Estêvão rei da Hungria	
1002	Henrique II rei da Alemanha	
1005		Morte do eremita italiano São Nilo
1006		Começo da construção do nártex de Tournus
1007		Guilherme de Volpiano empreende a construção da rotunda de Saint-Bénigne de Dijon
1009	Os cristãos de Espanha entram em Córdova. O califa Haquim destrói o Santo Sepulcro	Nave abobadada de Saint--Martin du Canigou
1011	Ataque sarraceno a Pisa	
1012		São Romualdo funda a ordem dos Camáldulos
1014	Coroação imperial de Henrique II	
1019	Canuto rei de Inglaterra e da Dinamarca	
1021		Lintel esculpido de Saint-Genis--des-Fontaines
1022		Fogueira de heréticos em Orleães
1024	Insurreição do povo de Pavia	
1026		Peregrinação de Canuto em Roma. Começo da construção do pórtico de Saint-Benoît-sur--Loire
1027	Coroação imperial de Conrado II	
1031	Henrique I único rei de França	Consagração de Sainte-Marie de Ripoll
1032	O reino da Borgonha integra-se no Império	

	Factos políticos	Factos culturais
1033		Consagração de Saint-Michel de Hildesheim
1039		Congregação dos cónegos de Saint-Ruf

BIBLIOGRAFIA

Os textos

ADALBERÃO DE LAON, «Les poèmes satiriques d'Adalbéron», organização e tradução de HÜCKEL, G.A., *Mélanges d'histoire du Moyen Âge*, Bibliothèque de la Faculté des Lettres de Paris, tomo XIII, Paris, Alcan, 1901.

ADÉMAR DE CHABANNES, *Crónica*, publicada de acordo com os manuscritos por CHAVANON, J. (Collection de textes pour servir à l'étude et à l'enseignement de l'histoire), Paris, A. Picard, 1897.

GERBERTO, *Gerbert, étude sur sa vie et ses ouvrages, suivi de la traduction de ses lettres*, BARTHÉLEMY, E. de, Paris, Lecoffre, 1868.

HELGAUD DE FLEURY, *Vie de Robert le Pieux. Epitoma vitae regis Roberti Pii*, organização, tradução e notas de BAUTIER, R.-H. e LABORY, G., Sources d'histoire médievale, Paris, CNRS, 1965.

Milagres de São Bento:

Les Miracles de Saint Benoît écrits par Adreval, Aimoin, André, Raoul Tortaire et Hugues de Sainte-Maure, moines de Fleury, publicados por CERTAIN, E., Paris, Societé de l'histoire de France, 1858.

Milagres de Santa Fé:

Liber miraculorum sancte Fidis, publicado por BOUILLET, A. (Collection de textes pour servir à l'étude et à l'enseignement de l'histoire), Paris, A. Picard, 1897.

RAUL GLABER, *Histoires*, in *Raoul Glaber. Les cinq livres de ses histoires (900––1044)*, publicadas por PROU, M., (Collection de textes pour servir à l'étude et à l'enseignement de l'histoire), Paris, A. Picard, 1897.

RICHER, *Histoire de France (888–995)*, organização e tradução de LATOUCHE, R., vol. II, Paris, Les Belles Lettres, 2019.

E. Pognon, em *L'An Mille*, Paris, Gallimard, 1947, deu de Adalberão, Adémar de Chabannes, Helgaud e Raul Glaber uma tradução muito útil de que muito me servi.

Breve orientação de leitura

Sobre o Ano Mil:

Focillon, R, *L'An Mil*, Paris, A. Colin, 1952.
Pognon, E., *L'An Mille*, Paris, Gallimard, 1947.
Bloch, M., *La Société féodale*, col. «Évolution de l'Humanité», 34 e 34 *bis*, Albin Michel, Paris, 1939–1940; edição portuguesa: *A Sociedade Feudal*, Lisboa, Edições 70, 2018.

Para situar a época na história do Ocidente medieval:

Lopez, R., *Naissance de l'Europe*, A. Colin, Paris, 1962.
Le Goff, J., *La Civilisation de l'Occident médieval*, Artaud, Paris, 1964.
Duby, G., *Guerriers et paysans. Essai sur la première croissance économique de l'Europe*, Paris, 1973.
Duby, G., *Histoire de France. Le Moyen Âge*, Paris, 1987.
Duby, G. e Mandrou, R., *Histoire de la civilisation française*, tomo I, Paris, Pocket, 1998.

ÍNDICE

Os testemunhos 11
   I   Conhecimento do Ano Mil..................... 11
   II Os narradores................................ 16
   III Os testemunhos e a evolução cultural 23
   IV Para uma história das atitudes mentais............. 27

1. O sentido da história................................ 33
   I   O milésimo ano da encarnação 33
   II A espera 37

2. Os mecanismos mentais 41
   I   Os estudos de Gerberto 41
   II O ensino de Gerberto em Reims 46
   III A instrução dos monges 51

3. O visível e o invisível 61
   I   As correspondências místicas 61
   II A ordem social e sobrenatural 66
   III Presença dos defuntos 72
   IV Relíquias.................................... 76
   V   Milagres 82

4. Os prodígios do milénio 97
    I   Os sinais no céu 97
    II   Desordens biológicas 102
    III A perturbação espiritual: a simonia 108
    IV A inquietação herética 111
    V   A subversão do templo........................ 117

5. Interpretação 121
    I   A deflagração do mal 121
    II   As forças benéficas........................... 127

6. A purificação 133
    I   Exclusões 133
    II   Penitências individuais........................ 139
    III A paz de Deus............................... 151
    IV As peregrinações coletivas..................... 157

7. A nova aliança................................... 163
    I   A primavera do mundo....................... 163
    II   A reforma da Igreja 165
    III As novas igrejas 174
    IV Ceifa de relíquias 179

8. O crescimento................................... 181
    I   Propagação da fé 183
    II   A guerra santa............................... 188
    III Deus encarna-se 192
    IV A cruz...................................... 198

Cronologia 203

Bibliografia 207